RIHANNA

Sarah Oliver

Rihanna

Uma vida de sucesso

MATRIX

Título original em inglês:
Rihanna – The only girl in the world

Direitos em língua portuguesa para o Brasil:
Editora Urbana Ltda.
atendimento@matrixeditora.com.br
www.matrixeditora.com.br

Projeto gráfico,
capa e diagramação
Daniela Vasques

Tradução
Daniela P. B. Dias

Revisão
Adriana Parra

Foto da capa
Helga Esteb/shutterstock.com

Dados Internacionais de Catalogação na Publicação (CIP)
SINDICATO NACIONAL DOS EDITORES DE LIVROS, RJ.

Oliver, Sarah, 1984-
Rihanna : uma vida de sucesso / Sarah Oliver ; [tradução de Daniela P. B. Dias].
- São Paulo : Matrix, 2012.

Tradução de: Rihanna : the only girl in the world

1. Rihanna, 1988-. 2. Cantores - Barbados - Biografia. I. Título.

11-8093. CDD: 927.824166
CDU: 929:78.067.26

Dedicado com amor
a Rob, Rick, Sim e Jonny

★

1988: NASCE UMA ESTRELA

Rihanna nasceu no dia 20 de fevereiro de 1988 no Hospital Queen Elizabeth, em Saint Michael, Barbados. Saint Michael fica localizada na porção sudoeste de Barbados e é uma das onze províncias que formam o país. Rihanna foi a primeira filha de Monica e Ronald Fenty, e recebeu o amor de todos os seus familiares. Na ocasião de seu nascimento, seus pais estavam casados havia três anos, e deram à menina o nome de Robyn Rihanna Fenty.

No dia em que ela veio ao mundo, "I Should Be So Lucky", de Kylie Minogue, liderava as paradas do Reino Unido, e "Seasons Change", do Exposé, era a música mais tocada nos Estados Unidos.

Robyn é uma forma feminina do nome Robert e significa "fama brilhante" – um nome que se mostraria apropriado para o lindo bebê. O nome Rihanna significa "manjericão". Rihanna foi chamada de Robyn ao longo de toda a infância, e seus amigos e familiares a chamam assim até hoje. Foi só quando a sua carreira de cantora estava prestes a decolar que ela decidiu adotar o segundo nome, Rihanna. Se estiver na rua hoje em dia e ouvir alguém gritando "Robyn!", é capaz de se virar para ver se estão falando com ela. Já quando gritam "Rihanna!", é raro que ela registre o chamado. As pessoas fazem isso o tempo todo, e se às vezes a cantora se esquece de que podem estar chamando por ela é porque os seus familiares e amigos, a sua equipe e seus bailarinos, todos os que estão mais próximos só a chamam de Robyn.

Quando ela era menina, a mãe, Monica, trabalhava como contadora e o pai, Robert, era supervisor de armazéns, embora ambos tenham mudado de ocupação à medida que Rihanna foi ficando mais velha. A família vivia numa casinha em Westbury New Road, Bridgetown. Bridgetown é a capital de Barbados, e a casa onde Rihanna vivia ficava a poucos minutos de distância do estádio de críquete Kensington Oval e do Deep Water Harbour, o porto marítimo internacional do país.

Logo ela se tornou a irmã mais velha, com o nascimento do irmão Rorrey, em novembro de 1990. (Se você quiser seguir Rorrey no Twitter, é só acessar twitter.com/RorreyFenty.) Desde pequenos, Rorrey e Rihanna sempre passaram muito tempo nas praias perto de casa. De onde eles moravam, tinham que fazer apenas uma caminhada curta para chegar até a paradisíaca Brandons, e as praias de Brighton, Paradise e Batts Rock também não ficavam longe. Seu pai os ensinou a pescar, e sempre havia muitos primos com quem os dois podiam brincar. Rihanna contou ao jornal *Sunday Herald Sun:* "[A casa] onde eu morava em Saint Michael ficava a apenas 30 metros da praia... era perfeito – um verdadeiro paraíso – e nós nem nos dávamos conta disso. Basicamente, acordávamos todos os dias num cenário de férias".

A dupla ganhou mais um irmão em abril de 1997, com o nascimento do pequeno Rajad. Rihanna adorava bancar a mãezinha do caçula, já que estava com 9 anos quando ele nasceu e o bebê parecia uma boneca perfeita para as suas brincadeiras.

A menina que foi criada na casa em frente era muito amiga de Rihanna e mora até hoje no mesmo local com sua família. Rihanna e Shakira tinham uma ligação especial, e as pessoas chegavam a pensar que as duas fossem irmãs por causa da quantidade de tempo que passavam brincando juntas. Rihanna tornou-se milionária, mas a vida de Shakira tomou outro rumo: ela trabalha como atendente em um *call center*, tem uma filhinha chamada Elisha e mora com a mãe.

Rihanna, Rorrey e Rajad tinham uma história familiar diferente da maior parte das crianças com quem conviviam. O lado materno da família era originário da Guiana, na América do Sul, enquanto a família do pai era um misto de nativos de Barbados com imigrantes irlandeses. A pele deles era mais clara do que as dos outros, e Rihanna em especial chegou a ser importunada por colegas de escola por isso. Eles gostavam de ficar dizendo que ela era branca. Ela se abriu para a revista *Allure:* "Eu passei por uma certa confusão quando era pequena, porque cresci com a minha mãe, e minha mãe é negra. Portanto, eu sempre fui criada de uma maneira muito 'negra'. Mas, quando comecei a ir para a escola, me chamavam de 'branca'. Todos ficavam me olhando e me xingando por isso. E eu não entendia. Só o que sabia era que via pessoas com tons de pele variados, e o meu era mais claro. Agora eu vivo num mundo muito mais amplo do que isso".

Rihanna e Rorrey tinham gostos parecidos quando eram crianças, mas era a menina que tinha uma paixão especial por cantar. Ela se deitava na cama e ficava cantarolando as suas músicas favoritas. O pai a flagrou cantando para si mesma pela primeira vez aos 3 anos de idade, usando uma escova de cabelo como microfone.

Quando completou 6 anos, Rihanna já estava decidida que queria ser cantora quando crescesse, e tratava de aproveitar todas as oportunidades que apareciam para cantar e se apresentar. Ela fazia shows para os primos quando eles iam visitá-la, para plateias de brinquedos e até para os travesseiros. Os vizinhos a ouviam cantar no chuveiro e lhe deram o apelido de Pintarroxo, porque Robyn vivia cantando como um passarinho*. As suas canções favoritas eram "Saving All My Love For You", de Whitney Houston, e "A Whole New World", tema da animação *Aladdin*, da Disney. Quando a menina estava com 7 anos, a família e os vizinhos perceberam que o seu talento vocal era acima da média, e o pai pensou que talvez ela tivesse herdado os genes musicais dos seus pais, que eram bons cantores (Ronald e Monica não cantavam de jeito nenhum!).

---

* N.da T.: O pintarroxo é chamado em inglês de "Robin Redbreast".

Cantar ajudava Rihanna a esquecer os problemas. Ela podia se divertir a valer brincando com Rorrey o dia todo, mas às vezes se deitava na cama à noite e fazia todo o esforço que podia para não pegar no sono: a menina tinha medo do que o pai poderia fazer com a mãe caso ela estivesse dormindo.

Durante um dos episódios de violência, Rihanna tentou impedir Ronald de ferir Monica quebrando uma garrafa para chamar a sua atenção. Ela detestava o fato de que ele machucava sua mãe fisicamente, além de emocionalmente, e se sentia na obrigação de não contar às pessoas o que estava acontecendo em casa – nem mesmo na vez em que seu pai quebrou o nariz de sua mãe. Monica não procurou um hospital, e também não dava queixa na polícia sobre o que estava ocorrendo. Rihanna mantinha os próprios sentimentos trancados no fundo do peito, e jurou para si mesma que jamais se casaria com um homem violento. Ela não se permitia nem mesmo chorar, embora estivesse sofrendo muito.

Quando completou 8 anos, a pressão sobre Rihanna ficou forte demais e ela passou a sofrer com dores de cabeça terríveis. Ela foi levada a um médico na tentativa de descobrir a origem da dor, e por um tempo chegou a ser cogitada a hipótese de que a menina tivesse um tumor no cérebro, tamanha era a intensidade da dor. As dores de cabeça na verdade eram provocadas pelo estresse a que Rihanna estava sendo submetida ao testemunhar todas as discussões e brigas entre os seus pais, mas obviamente ninguém sabia disso na época.

Seu pai era viciado em crack, e esse era o motivo de grande parte das discussões e brigas. Ele se trancava no banheiro durante horas a fio, e a pequena Rihanna não conseguia entender o que estava acontecendo. Quando estava com 9 anos, certa vez ela o flagrou fumando crack e foi contar à mãe. Ela espiara por uma fresta e o vira fumando o cachimbo, e ficou assustadíssima porque sabia que ele estava fazendo alguma coisa errada. Rihanna e a mãe choraram juntas de desespero diante da situação. Hoje, o pai de Rihanna se arrepende imensamente do que fez a sua família passar, mas na época costumava sumir de casa por dias sempre que se drogava, deixando Monica sozinha para tomar conta de Rihanna e de seus irmãos. Monica chegou a expulsá-lo de casa em diversas ocasiões por causa das drogas e da violência com que ele a tratava.

Nessa época, Monica muitas vezes achava que Ronald talvez terminasse seus dias vivendo nas ruas por causa das drogas. Seu hábito era bem conhecido por todos, e as pessoas o apelidaram de *parrow*, que quer dizer "aproveitador" e "drogado". Em Barbados, esse é um dos piores xingamentos para uma pessoa. A comunidade local não nutria o menor respeito por Ronald e o via como um inútil.

Num certo sentido, Rihanna hoje se compadece do pai, porque ele mesmo cresceu conhecendo a sensação de ser tratado aos sopapos pelas pessoas que supostamente deveriam lhe dar amor. Quando Ronald era menino ele costumava apanhar do padrasto, sem que sua mãe fizesse nada para impedir. Isso plantou um ressentimento em seu peito, com relação a Monica e às mulheres de maneira geral. De certa forma, ele punia a esposa pelos erros que haviam sido cometidos pela sua mãe. Rihanna sabe de tudo o que o pai passou na sua infância e juventude, mas ela acha que isso não justifica as coisas que ele fazia com sua mãe.

Quando ela estava com 14 anos, os pais se divorciaram. Quase instantaneamente, as dores de cabeça de Rihanna desapareceram, e ela pôde voltar a aproveitar a vida sem se preocupar tanto com o que viria em seguida. Monica era a melhor mãe que a menina poderia ter, e embora houvesse momentos em que enfrentasse dificuldades para sustentar a casa sozinha, ela sempre colocou Rihanna, Rorrey e Rajad em primeiro lugar. Monica jamais deixou que as crianças soubessem o estado de pobreza em que viviam, e sempre encontrava dinheiro para que Rihanna fizesse o seu tratamento mensal no cabeleireiro, fosse como fosse. Embora sua mãe não tenha se dado conta disso na época, o divórcio provocou um imenso sentimento de alívio em Rihanna.

Monica é a pessoa de quem a cantora é mais próxima no mundo. Ela teve grande influência sobre Rihanna, que certamente não seria a mulher que é hoje se não fosse pela mãe. Quando lhe diziam que era parecida com Monica, a menina Rihanna se recusava a acreditar e ainda fazia cara feia. Naquela época, ela não queria essa semelhança, mas hoje Rihanna se orgulha de ter herdado a aparência da mãe, e quando se vê na televisão consegue perceber a semelhança entre as duas. Algumas de suas expressões faciais são as mesmas de Monica, e ela sabe como as duas são parecidas. Durante todo o tempo em que frequentou a Charles F. Broome Memorial School, uma escola primária a dez minutos de sua casa, Rihanna continuou sonhando em um dia se tornar uma cantora profissional. Seu plano não era se tornar famosa só em Barbados: ela queria ser uma estrela conhecida mundialmente. Rihanna guardava esses sonhos para si mesma, claro, mas vivia rezando para que Deus lhe permitisse um dia tocar numa turnê internacional. Sua consciência corporal era bastante apurada para a idade, e um dia, aos 8 anos, ela meteu na cabeça que não tinha a aparência ideal: estava ávida para ter um corpo cheio de curvas como o da mãe, e chegou a dizer a Monica que queria coxas "triangulares" como as dela. Além disso, gostava tanto de se vestir de cor-de-rosa que acabou ganhando o apelido de "Pinky".

Além do canto, Rihanna também amava dançar, e muita gente pensava que ela acabaria se tornando uma dançarina. Ela demonstrava o seu amor pela dança bem abertamente, ao passo que – pelo menos na escola – os dotes de cantora ficavam relativamente escondidos. Todos os dias ela procurava a prima, que era professora na Charles F. Broome Memorial, e lhe pedia que emprestasse sua sala de aula durante o intervalo do almoço. E todos os dias passava a hora do almoço enfurnada lá, treinando canto e dança com as companheiras do seu "Barbie Doll Group" ao som do rádio ligado. Rihanna era a coreógrafa do grupo, e as outras meninas imitavam os seus movimentos. Elas não dispensavam nunca o perfume, porque adoravam a sensação de estar perfumadas e porque usá-lo fazia com que se sentissem adultas.

Rihanna também era apaixonada por esportes e fazia parte da Equipe Vermelha da escola. Sua prima professora, que ela chamava de "Titia", era parte da Equipe Azul. Rihanna provocava "Titia" todos os dias, convencida de que seu time seria o melhor em qualquer evento esportivo em que aparecesse. E mesmo quando a vitória não acontecia ela continuava insistindo que a Equipe Vermelha era melhor do que a Azul! Essa prima, a "Titia", continua trabalhando na mesma escola e dando aulas no jardim de infância.

Rihanna e essa única prima menina cresceram com 15 meninos na família, então ela sempre fez o estilo mais moleque na infância. Apesar disso, a pequena Rihanna desenvolveu um interesse por maquiagem e costumava pedir os conselhos da mãe nesse quesito, já que Monica agora havia trocado de emprego e trabalhava como consultora no setor de maquiagem de uma loja de departamentos.

Artigos de maquiagem provocavam verdadeiro fascínio em Rihanna desde que ela era bem pequena e não tinha permissão para usá-los por causa da pouca idade. Assim que a mãe saía para trabalhar, ela pegava a coleção de maquiagens dela escondida e experimentava à vontade, sem nunca ser pega. Foi vendo a mãe se maquiar todos os dias que Rihanna descobriu como fazer isso em si mesma. Ela costuma dizer que o melhor conselho que recebeu da mãe foi como maquiar os lábios sem deixar o delineador transparecer. Nessa mesma época, ela também aprendeu muito sobre perfumes e sobre os cuidados que deveria ter com a pele: Rihanna sabe bem que dormir bastante e beber muita água ajudam a ter uma pele fresca e revigorada.

Quando estava com 4 anos, a menina se meteu numa encrenca séria: usou os esmaltes de unhas da mãe para criar pulseiras coloridas no braço e derramou o que restou dos frascos no capacete do construtor de brinquedo do seu irmão. E mal podia saber que o esmalte levaria séculos para sair, porque em casa não havia removedor!

Mais velha, Rihanna se transferiu para a Combermere School, um dos melhores colégios de Barbados. Nas horas vagas, ela bancava a vendedora numa banquinha montada diante de uma loja. A menina garimpava objetos que poderiam agradar às pessoas – lenços exuberantes, chapéus estilosos e acessórios – e os vendia para os passantes. Na escola, Rihanna vendia doces para os colegas e ganhava um dinheirinho assim, e também cobrava para trançar os cabelos das meninas.

Enquanto cursava o ensino médio, ela não se interessava em atuar nas peças da escola nem nada do gênero. Em vez disso, preferia se concentrar em cantar e se sair bem nos estudos. Srta. Goring, que foi sua professora, declarou ao site 4Music: "Rihanna era uma aluna comportada, que cumpria seus compromissos e nunca arranjava problemas". Ainda assim, ela não deixava de participar da bagunça caso a turma inteira estivesse envolvida – ela não era boazinha 100% do tempo, é claro! A professora achava que Rihanna seria modelo, porque ela passava pelo corredor da escola caminhando como uma e porque estava sempre entre as mais bem-vestidas de qualquer festa que houvesse.

Além de cantar e dançar, Rihanna se dedicava a escrever poesia sempre que tinha oportunidade. Com o tempo, ela passou a compor letras de canções inspiradas em artistas de *reggae* como Spice Cartel, Damian Marley e Sizzla, e também no *pop* e no R&B de cantoras como Whitney Houston, Beyoncé e Mariah Carey. Houve um tempo em que sua mãe gerenciava um clube de *reggae*, fazendo com que Rihanna vivesse cercada de música; e ela também adorava escutar as canções que tocavam no rádio.

Na escola, a menina se inscreveu no Corpo de Cadetes, um programa de orientação militar. A cantora Shontelle era sua sargento-instrutora na época, e Rihanna queria ser a melhor das cadetes. Ela dava tudo de si para isso, e o seu jeito de menina-moleque certamente era uma vantagem – Rihanna nunca se importou com a dureza dos treinos ou com o quanto Shontelle ou os outros sargentos-instrutores exigiam dela.

As coisas mudaram quando Melissa apareceu...

Melissa Forde foi transferida para o colégio de Rihanna quando ela estava com 14 anos, e as duas rapidamente se transformaram numa dupla inseparável. A amizade despertou mais o interesse de Rihanna pelo mundo da moda e da maquiagem, porque Melissa era o oposto do que se poderia chamar de menina-moleque. Todas as sextas-feiras, Rihanna, Melissa e seu grupo de amigos combinavam de dormir na casa de um deles para no sábado irem juntos à praia ou ao shopping. À noite, o grupo ia dançar no clube "The Boatyard".

A nova melhor amiga de Rihanna não tinha medo de desafiar as regras e costumava aparecer maquiada na escola, apesar de isso não ser permitido. Ela usava o cabelo tingido de loiro e com isso se destacava, porque todas as outras meninas negras da escola tinham os cabelos escuros. Melissa frequentava a casa de Rihanna e as duas folheavam as revistas da irmã mais velha dela em busca de dicas de moda. Pouco tempo depois de conhecer Melissa, Rihanna tomou a decisão de que não queria mais ser a moleca que era e a melhor cadete da corporação – ela queria começar a se portar feito uma garota.

RiRi declarou à *Vogue:* "Quando eu estava com 14 anos e comecei a sair, eu queria ser o contrário de todo mundo. Eu aparecia na boate de camisa polo, calça comprida, tênis e boné virado para trás só para não ficar igual às outras garotas".

"Eu comecei a ficar desesperada por coisas que não podiam ser encontradas em Barbados. Ficava fazendo recortes das revistas. A minha obsessão era criar visuais com roupas diversas, pela maneira de combinar as peças."

O primeiro relacionamento de Rihanna com um garoto aconteceu na época do ensino médio. Ela confessou à revista *Rolling Stone:* "O meu primeiro beijo foi na época do ensino médio, e foi a pior coisa do mundo. O garoto praticamente despejou as glândulas salivares na minha boca. Eu fiquei traumatizada. Nunca mais quis [voltar a] beijar ninguém".

Melissa continua sendo a melhor amiga de Rihanna até hoje. As duas são tão próximas que tatuaram a data de nascimento uma da outra nos ombros, e sabem que podem dividir qualquer segredo. Hoje, Melissa é a "assistente pessoal" oficial de RiRi: viaja com ela para todos os lugares, dá conselhos de estilo, ajuda a cantora a organizar a sua agenda e muitas vezes é quem dá a primeira opinião quando ela tem alguma ideia nova sobre qualquer coisa. Quando tem problemas com namorados, Rihanna também pode contar com o apoio total de Melissa. Para a amiga não foi um problema deixar a família e os amigos em Barbados para assumir a função, porque afinal ela sabe o quanto representa para Rihanna. Na verdade, Melissa é uma das poucas pessoas em quem a cantora pode confiar de olhos fechados.

PRIMEIRA APRESENTAÇÃO

A**os 15 anos**, Rihanna decidiu entrar para um concurso de talentos de sua escola. Ela já cantava desde que tinha 3 anos de idade, mas sempre havia mantido isso em segredo dos seus colegas de turma. A família deu força para que participasse, porque conhecia o seu dom. E Rihanna decidiu fazer a inscrição. Ela era a candidata mais nova do concurso, mas sua voz estava mais do que à altura do desafio: as outras concorrentes, até dois anos mais velhas, não tinham o mesmo talento. A canção que escolheu foi "Hero", de Mariah Carey, e ela dominou o palco; não se deixou intimidar pela quantidade de pessoas que havia na plateia e mostrou desenvoltura. "Hero" não é uma música fácil, mas Rihanna queria mesmo apresentar um número que fosse desafiador, e não fácil demais. Se você ainda não conhece o vídeo dessa apresentação, ele pode ser acessado no YouTube. Na época não lhe passava pela cabeça ter um preparador de voz, mas ainda assim ela conseguiu se sair bem em todos os agudos.

Quando anunciaram que Rihanna havia sido a vencedora, ela mal pôde acreditar; ficou eufórica. A família e os amigos ficaram muito orgulhosos, e as pessoas que estavam presentes naquele auditório hoje se sentem afortunadas por terem presenciado a sua primeira grande apresentação num palco. A vitória no concurso de talentos deixou Rihanna ainda mais determinada a se tornar uma artista conhecida mundialmente.

No ano seguinte ela venceu o concurso de Miss Combermere, que Melissa havia ajudado a organizar, mas o canto continuou a ser o seu foco principal. Rihanna tinha o visual certo para seguir a carreira de modelo, mas queria mais do que isso. Ela começou a gravar fitas demo na época de férias da escola na esperança de que um dia lhe rendessem contrato com uma gravadora. A mãe sabia da sua paixão pela música, mas sempre disse a Rihanna que a escola devia vir em primeiro lugar. Ela fazia questão de afirmar que só deixaria a menina largar os estudos se ela assinasse um contrato com uma gravadora. E mesmo quando a Evan a contratou, aos 15 anos, Monica fez Rihanna continuar na escola até o momento certo: ela queria que a filha conseguisse o seu diploma.

Rihanna no início da carreira (2005)

O principal ensinamento de Monica para Rihanna e os dois irmãos quando eles estavam crescendo foi que deveriam ser destemidos e assumir a responsabilidade pelos seus atos. Mesmo ainda vivendo em Barbados, Monica costuma visitar Rihanna nos Estados Unidos sempre que pode. E, sendo a cozinheira talentosa que ela é, a cantora adora saborear as refeições caseiras preparadas pela mãe durante essas visitas. Rihanna também é bem próxima de sua prima Noella, que ela visita sempre que possível.

Mesmo sendo pai de uma grande estrela, Ronald continua tendo que trabalhar para sobreviver. Ele hoje não é mais supervisor de armazéns. Trabalha como vendedor, usando o bagageiro do próprio carro para expor seus produtos. Há quem diga que Rihanna lhe negou ajuda financeira por causa da possibilidade de ele voltar a se envolver com drogas. Ronald já está "limpo" há muitos anos, e todos na família desejam que ele permaneça assim.

Betty, mãe de Ronald, tem muito orgulho da neta, assim como todos os seus outros avós. A mãe de Monica se chama Clara Brathwaite e tem uma relação bastante próxima com a neta. Quando Clara comemorou seus 50 anos de casamento com o marido Lionel, em abril de 2009, Rihanna fez questão de estar presente na festa de família realizada em Barbados. Ela não perderia a celebração das bodas de ouro dos avós por nada no mundo.

Com a agenda atribulada que tem, a cantora só consegue visitar seu país natal algumas poucas vezes por ano, mas costuma enviar passagens para os familiares irem encontrá-la onde quer que esteja estabelecida por mais tempo. Ela tem conversas telefônicas frequentes com a mãe, pelo menos uma vez por dia, e mantém bastante contato com os irmãos também. Rorrey hoje é estudante de arquitetura e Rajad dá sinais de que vai trabalhar com algo ligado a computadores quando for mais velho.

O relacionamento de Rihanna com o pai se tornou tenso com o tempo, mas ele tentou aconselhar a filha em algumas ocasiões. Em 2007, conversou com ela a respeito das drogas e do mal que elas podem causar. As drogas dilaceraram a família e representaram uma parte significativa da vida de Ronald por mais de vinte anos, até ele finalmente deixá-las de lado. A verdade é que Ronald começou a consumir drogas quando estava com 14 anos de idade e ainda era estudante, e já era usuário quando conheceu a mãe de Rihanna.

Obviamente, a artista conhecia os efeitos que a droga pode provocar em uma pessoa tendo visto as consequências do vício do próprio pai, mas ela nunca soube em primeira mão o que é consumir uma droga. E Ronald fez questão de que as coisas continuassem dessa forma – ele não queria ver a filha desencaminhada como costumava acontecer com outras estrelas jovens do mundo pop. Depois da conversa que tiveram, Rihanna garantiu ao pai que não seguiria o exemplo dele. Ela é uma garota esperta demais para se entregar às drogas!

Rihanna hoje pode ser uma grande estrela, mas no fundo nada mudou: ela continua a mesma garota nascida em Barbados e dona de um grande coração. Ela não é dada a ataques de estrelismo e ainda se delicia com ovos cozidos e as outras comidas que marcaram a sua infância.

Ronald insiste em dizer que não quer nenhum centavo do dinheiro de Rihanna, e sim fazer parte da vida da filha. Às vezes ele tem vontade de poder estar ao lado dela nas entregas dos prêmios conquistados pela artista, mas se contenta em vê-la pela televisão e visitá-la sempre que tem oportunidade. Ronald adora quando Rihanna telefona e lhe pede que vá visitá-la.

Em alguns momentos, o relacionamento entre pai e filha se mostrou conturbado. Em 2009, os dois se desentenderam numa visita que ele lhe fez em Los Angeles. Ronald exagerou na bebida e arrumou briga com o irmão de Rihanna, e isso fez com que ela se irritasse e o mandasse para casa. Hoje em dia, eles têm um bom relacionamento. Os dois não se encontram com muita frequência porque Ronald continua vivendo em Barbados e Rihanna não tem muito tempo livre em sua agenda frenética, e nas visitas que ele lhe faz a filha só pode ficar pouco tempo em sua companhia, se tanto. Ronald tem um casal de filhos de outro relacionamento, mas eles são mantidos longe dos olhos da imprensa.

Depois que Rihanna foi espancada pelo então namorado Chris Brown, em fevereiro de 2009, o pai teve dificuldade para olhar para as fotos chocantes do rosto dela; e nem confortá-la com um abraço ele pôde, porque estava a quase 5 mil quilômetros de distância. Ronald teve pena de Chris por conta do erro que ele cometeu e da maneira como arruinou as coisas para si mesmo: as pessoas o marcariam por causa do ocorrido, e ele jamais poderia escapar do que fez. Ronald sabia bem disso por causa do que passou no seu relacionamento com Monica.

UMA CHANCE PARA IMPRESSIONAR

Rihanna havia vencido o concurso de talentos da escola como artista solo, mas sentia que teria mais chances de sucesso juntando forças com duas amigas. Os grupos formados por garotas estavam em alta na época – do Destiny's Child e TLC nos Estados Unidos ao Sugababes e o Girls Aloud britânicos, o mundo da música estava apaixonado pelos grupos femininos.

Rihanna e o seu grupo sem nome descobriram através de amigos que um produtor musical de Nova York chamado Evan Rogers estava passando férias em Barbados com a esposa, que era natural da ilha. Ele costumava visitar familiares por lá todos os anos e estava sempre em busca de novos talentos. Rogers pedira a conhecidos de Barbados que lhe avisassem se encontrassem alguém com potencial para as gravadoras, e foi um desses conhecidos que lhe sugeriu que recebesse Rihanna e as amigas para um teste.

A notícia de que um produtor musical queria vê-las mexeu com Rihanna, pois ela sabia que teria uma única chance para impressionar o sujeito. Ela precisava garantir que as meninas do grupo estivessem bem ensaiadas, com boa aparência e com as vozes preparadas. E não haveria muito tempo para os preparativos: Rogers estava em férias e logo embarcaria de volta para Nova York.

Evan Rogers se lembra do dia do teste como se fosse ontem. Ele declarou à revista *Kurama:* "Eu soube que Rihanna era uma estrela no instante em que começou a cantar para mim. A presença dela tomou conta de tudo assim que entrou na sala. A voz soava crua, mas tinha personalidade – e ela queria essa carreira mais do que tudo na vida. Eu a contratei sem hesitar. Uma verdadeira estrela tem que se revelar para mim desde o primeiro instante. Eu jamais poderia ter previsto o sucesso que ela alcançaria, mas desde o primeiro dia soube que era uma estrela".

No teste, o grupo cantou "Emotion", do Destiny's Child, mas Evan não teve olhos nem ouvidos para nenhuma das outras garotas. Ele só enxergava a menina tímida com a voz bonita. Rihanna podia não esbanjar autoconfiança, mas ela o deixou muito impressionado. Era uma cantora tão fantástica que ele decidiu contratá-la como artista solo, acreditando que ela não precisava do apoio das outras garotas.

Quando o parceiro musical de Evan, Carl Sturken, ouviu Rihanna cantar pela primeira vez, ele ficou fascinado da mesma maneira, e os dois produtores quiseram que ela fosse a primeira artista do seu recém-lançado selo SRP. Então eles pediram a Rihanna que voltasse alguns dias mais tarde em companhia da mãe, para discutirem os termos do contrato e verem o que seria feito em seguida.

As duas amigas de escola do grupo inicial não reclamaram da decisão e guardam silêncio sobre o ocorrido até hoje, mesmo tendo a possibilidade de lucrar bastante caso decidissem vender as suas histórias para a imprensa.

– VAMOS AOS FATOS –
EVAN ROGERS E CARL STURKEN

Evan Rogers e Carl Sturken são uma dupla de produtores e compositores indicados ao Grammy que trabalham no meio musical há mais de vinte anos. Os dois faziam parte da mesma banda quando eram mais jovens e viajavam por toda parte em turnês. Quando estavam se apresentando em Barbados, tanto Rogers quanto Sturken se apaixonaram por mulheres da ilha, casaram-se com elas e decidiram ir trabalhar em Nova York como músicos por contrato. Evan conseguiu um trabalho solo e começou a compor e produzir canções para outros artistas. Na maior parte das vezes, Evan criava a letra e Carl ficava responsável pela melodia.

Até hoje, os dois trabalharam numa série de álbuns que venderam mais de 70 milhões de cópias. Nesses anos de estrada, já trabalharam com Rod Stewart, Donny Osmond, Kelly Clarkson, 'N Sync, Christina Milian, Anastacia, Jessica Simpson e muitos outros grandes nomes da música. Em 2005, a dupla decidiu lançar o seu próprio selo musical, chamado SRP – Syndicated Rythm Productions –, e Rihanna foi sua primeira cantora contratada. Evan e Carl foram os responsáveis por compor e produzir alguns dos maiores sucessos da cantora.

Rihanna sabia que cedo ou tarde seria preciso fazer a mudança para os Estados Unidos, mas ainda ficou em Barbados por mais um ano. Ela ia à escola com os amigos, estudava e tentava se comportar como uma estudante normal, mas estava difícil seguir desse jeito. Tudo o que conseguia pensar em fazer era cantar. Mesmo assim, a mãe tratava de manter RiRi com os dois pés plantados bem firmes no chão.

Nos feriados, ela pegava um avião para Stamford, Connecticut, em companhia de Monica para gravar a sua demo no estúdio de Evan Rogers. Um pouco depois de completar 16 anos ela se mudou definitivamente para a cidade, deixando a mãe e o resto da família em Barbados. Evan Rogers recebeu Rihanna em sua casa e apresentou-a para sua família. A artista viveu com ele, com a esposa e a família enquanto Rogers e Carl Sturken trabalhavam nos retoques finais do material demo antes de enviá-lo para as gravadoras que acreditavam que se mostrariam interessadas.

A primeira a enviar uma resposta foi a Def Jam, que simplesmente adorou a demo de Rihanna. Outras gravadoras também se interessaram pela cantora, mas desde o início ficou claro que a Def Jam era a que estava mais disposta a negociar. Rihanna tinha apenas 16 anos, mas eles enxergaram o imenso potencial da garota. Queriam conhecê-la para ver como ela se saía numa apresentação ao vivo.

Mesmo com o interesse demonstrado pelas gravadoras, Rihanna continuava nervosa – afinal, ela precisava mostrar uma boa performance ou correria o risco de ter que voltar para

Barbados com o rótulo de fracassada. Os mesmos colegas que costumavam importuná-la por causa da sua pele clara adorariam fazer piada quando vissem que o seu grande sonho havia desmoronado.

Rihanna podia ter apenas 16 anos e estar longe de casa, mas ela não iria se entregar facilmente. Quando soube que o sujeito que teria que impressionar era ninguém menos do que Jay-Z, ela ficou mais nervosa ainda, pois nunca estivera frente a frente com alguém tão famoso. Era verdade que ele já gostara da demo, mas Rihanna sabia que tudo dali em diante dependeria da sua performance.

A cantora revelou à revista *Singers' Room:* "Eu estava no saguão, tremendo! Tinha visto o rosto de Jay de relance no fim do corredor, e nunca havia me encontrado com uma celebridade antes. E conhecer uma celebridade que ainda por cima era o presidente da gravadora, isso era loucura demais!".

No entanto, assim que Jay-Z apareceu para se apresentar e convidá-la para ir ao seu escritório, ela ficou mais tranquila. Dava para sentir que ele torcia pelo sucesso dela, não o contrário. Rihanna apresentou "For The Love of You", de Whitney Houston, "Pon de Replay" e "The Last Time", que ofereciam uma amostra dos diferentes estilos musicais que ela era capaz de cantar. Jay-Z já conhecia bem a primeira, mas as duas outras eram canções inéditas e compostas especialmente para Rihanna por Evan Rogers e Carl Sturken.

Jay-Z chamou o diretor executivo da Def Jam, L. A. Reid. Os dois ficaram boquiabertos com o talento de Rihanna e não quiseram deixá-la ir embora sem assinar um contrato. Assim que ela terminou de cantar, Jay-Z assentiu com a cabeça em sua direção e disse: "Nós estamos interessados".

Rihanna jamais vai se esquecer desse momento.

A dupla não queria perdê-la de vista, pois sabia que Rihanna já estava com outras reuniões agendadas. Eles mandaram que os advogados começassem a formular o contrato na mesma hora, e ele foi enfim assinado, por volta das três horas da madrugada. Rihanna ficou eufórica e não conseguia apagar o sorriso do rosto depois de registrar seu nome no papel. Ela saiu da gravadora

Jay-Z, mentor de Rihanna, ao lado da esposa, Beyoncé

às 4h30. Havia sido um longo dia seguido de uma longa noite, mas ela finalmente teve a certeza de que estava prestes a realizar o seu sonho. Ela seria uma cantora reconhecida internacionalmente!

Jay-Z nunca poderia ter imaginado que a veria cantar às 4 horas da tarde e ainda estaria em sua companhia na madrugada seguinte. É muito raro que a contratação de um artista seja conduzida dessa maneira, e talvez seja uma loucura fazer as coisas assim. A maioria das pessoas teria preferido se dar uma noite para pensar e marcar um novo encontro para um ou dois dias depois, mas ele não queria correr o risco de que alguém a roubasse de sua gravadora. Jay-Z percebeu instantaneamente que Rihanna tinha o potencial para ser uma grande estrela; no primeiro momento ele achou que "Pon de Replay" talvez fosse grandiosa demais para ela, mas gostou da sua maneira de apresentar a canção e ficou encantado com sua voz.

–VAMOS AOS FATOS – JAY-Z E L. A. REID

Jay-Z é um rapper e empresário de sucesso e era o presidente da Def Jam na época em que Rihanna fez o teste na gravadora. Tempos depois ele abriria mão do cargo para se dedicar ao seu próprio selo, o Roc-A-Fella, mas continuaria sendo o mentor da cantora. Com o passar dos anos Jay-Z se transformou numa espécie de irmão mais velho para Rihanna, e sempre vai fazer de tudo para protegê-la.

Rihanna soube desde o princípio que Jay-Z defenderia os seus interesses, e também que ele era um verdadeiro *expert* na indústria da música. Não foi à toa que vendeu mais de 50 milhões de discos e ganhou 13 prêmios Grammy (cinco dos quais já havia conquistado quando conheceu Rihanna).

L. A. Reid era o diretor executivo da Def Jam na época do teste de Rihanna e é um premiado executivo da indústria da música, além de produtor e compositor. Ao longo de sua carreira, ele lançou artistas de ponta como Usher, Mariah Carey, Justin Bieber, Pink, Kanye West e Avril Lavigne.

Depois de Rihanna assinar o contrato com Jay-Z e L. A. Reid, foram necessários mais três meses de trabalho antes de o seu primeiro disco ser lançado. *Music of the Sun* saiu em 30 de agosto de 2005 nos Estados Unidos e "Pon de Replay" era o primeiro single. No começo, a intenção da Def Jam era que os fãs vissem Rihanna como o protótipo da "garota comum".

Evan Rogers e Carl Sturken participaram da composição e da produção de muitas das faixas incluídas no disco. A banda J-Status, o rapper canadense Kardinal Offishall, o cantor jamaicano Vybz Kartel e o músico Elephant Man também tiveram participações. Como já vinham trabalhando com Rihanna havia mais de um ano, algumas das faixas estavam prontas e isso acelerou o processo.

O álbum se saiu muito bem. Com 69 mil cópias vendidas na primeira semana, ele emplacou o 10º lugar na parada dos Estados Unidos – um desempenho notável para qualquer artista, ainda mais para uma cantora novata. As vendas continuaram excelentes, e no momento em que este texto foi escrito o disco já havia vendido mais de 2 milhões de cópias desde o seu primeiro lançamento.

O álbum também ficou muito bem nas paradas do Canadá na ocasião do lançamento, chegando ao 7º lugar, e conquistou o 12º lugar na parada da Irlanda. No Reino Unido o desempenho não foi tão bom, ficando com a 35ª posição.

Rihanna comparou esse primeiro disco ao *callaloo,* um ensopado típico da culinária de Barbados, e no seu lançamento declarou: "A minha música é feita basicamente de batidas caribenhas misturadas ao R&B. Eu não quero ser tachada só como artista dance, porque sei cantar mais do que isso. O meu disco também inclui baladas além das faixas dançantes".

E acrescentou: "A música está no meu DNA".

O nome do disco, *Music of the Sun,* foi cunhado pela própria Rihanna. Ela queria incluir a palavra "sun" (sol) no título porque ele simboliza Barbados e as suas origens, assim como ela mesma (a faixa de mesmo nome foi composta depois da escolha). E ela não se limitava a gravar canções compostas por outras pessoas; Rihanna também participava da composição de algumas canções. Ela trabalhou nas letras de "Here I Go Again", "Willing To Wait", "Music of the Sun" e "Now I Know".

A lista de faixas desse primeiro disco é a seguinte:

1. "Pon de Replay"
2. "Here I Go Again" (participação de J-Status)
3. "If It's Lovin' That You Want"
4. "You Don't Love Me (No, No, No)" (participação de Vybz Kartel)
5. "That La, La, La"
6. "The Last Time"
7. "Willing to Wait"
8. "Music of the Sun"
9. "Let Me"
10. "Rush" (participação de Kardinal Offishall)
11. "There's a Thug in My Life" (participação de J-Status)
12. "Now I Know"

Os fãs adoraram o disco, mas a crítica ficou dividida. Muitos declararam que era um estilo parecido demais com a música que Beyoncé e Ashanti vinham fazendo. A revista *Slant* lhe deu duas estrelas e meia numa escala de cinco e publicou: "*Music of the Sun* apresenta um início apropriadamente jovial com as ensolaradas 'Here I Go Again' e 'If It's Lovin' That You Want' (coproduzida por Poke & Tone), mas enquanto a maior parte do disco paira acima da leve influência caribenha, as faixas da porção mediana afundam como se fosse um disco da Janet. A faixa de encerramento, 'Now I Know', soa madura, antiquada e melodiosa demais para uma artista tão jovem e aparentemente tão descolada. Ainda assim, se a inconsistência é a maior falha de *Music of the Sun*, Rihanna se sai bastante bem dentro dos parâmetros pasteurizados do R&B atual".

A *Rolling Stone* deu a mesma nota ao disco e comentou: "A fotogênica Rihanna evoca uma Mariah Carey mais jovem e sem os trinados de pássaros, e os soluços e malabarismos vocais genéricos decalcados claramente do R&B americano por vezes ofuscam o seu charme caribenho. Com 52 minutos, o disco de estreia de Rihanna parece se alongar demais, mas o single ("Pon de Replay") justifica todos os replays". E o texto da *Rolling Stone* prossegue descrevendo Rihanna como aquilo que "Beyoncé talvez fosse caso tivesse sido criada no Caribe e pulado a etapa Destiny's Child de sua vida".

A arte escolhida para a capa de *Music of the Sun* foi o visual típico dos discos de outros artistas jovens que se lançaram na época. Mostrava uma foto de Rihanna com os lábios pintados de *gloss* cor-de-rosa, usando grandes argolas douradas nas orelhas e uma jaqueta de paetês também dourados, olhando para a câmera. A imagem mostrava apenas a cabeça e os ombros. O visual era o da adolescente americana típica – embora ela não fosse uma. O fundo era em tons de roxo e rosa e havia ainda o seu nome escrito em laranja acima do título do álbum. Essa capa sempre será especial para Rihanna e para a sua família, porque foi o seu primeiro lançamento.

Entretanto, a arte dessa capa foi modificada para o lançamento do disco no Japão. A imagem escolhida foi bem mais simples, com Rihanna de pé e inclinada para um dos lados. Os brincos não roubam a atenção do rosto da cantora como na capa original, e a foto na verdade se parece mais com a Rihanna que nós conhecemos e amamos.

Na capa do single "Pon de Replay", a cantora aparece vestindo a mesma roupa dourada do videoclipe, com os cabelos ondulados e sorrindo para alguém (ou alguma coisa) à sua direita. O fundo é preto com luzes cintilantes na parte de cima que lembram estrelas. Dessa vez o nome de Rihanna aparece embaixo, e o nome do single vem dentro de uma moldura amarela abaixo dele.

Em "If It's Lovin' That You Want", Rihanna é mostrada mais uma vez numa foto dos ombros para cima. O corpo está voltado para o lado oposto, mas ela virou o rosto para encarar a câmera. Ela não aparece sorrindo, mas tem uma aparência feliz, e outra vez está usando grandes brincos de ouro.

A primeira canção do disco a ser lançada foi "Pon de Replay", que na verdade era uma das quatro faixas do material demo que Rihanna havia enviado para as gravadoras. O single saiu no Reino Unido em 25 de agosto de 2005 e um dia mais tarde nos Estados Unidos.

Rihanna não gostou da música quando a ouviu pela primeira vez, e chegou a pensar que se parecia com uma cantiga de criança. Mas resolveu confiar na opinião de Evan Rogers e Carl Sturken, e quanto mais ia cantando a letra, mais ia gostando dela – quando a faixa foi gravada, Rihanna já a considerava uma boa canção.

Em "Pon de Replay" a artista usou a linguagem coloquial de Barbados, em que é comum as pessoas adotarem corruptelas de termos em inglês. "Pon" quer dizer "on", "de" é "the" e "replay" é a instrução para o DJ repetir a canção.

Para Rihanna, filmar o videoclipe foi a realização de um sonho, porque era algo que ela sempre quisera fazer. O cenário escolhido foi o de um clube noturno e ela precisou dançar bastante em cena, o que amou fazer. A ideia era mostrá-la chegando na companhia de duas amigas, percebendo o ar entediado das pessoas e a música chocha. Ela então pede ao DJ que aumente o volume, e todo mundo começa a dançar.

O clipe teve a direção de Little X (que hoje se apresenta como Director X), e o DJ foi interpretado pelo DJ da vida real Cipha Sounds. Little X assinou a direção de muitos videoclipes, mas é mais conhecido por seus trabalhos para Sean Paul e R Kelly.

No clipe de "Pon de Replay", Rihanna queria mostrar o seu amor pelo país onde nasceu, e para isso aparece envergando um anel com o símbolo do tridente tirado da bandeira de Barbados.

O single ficou em segundo lugar na parada americana, atrás de "We Belong Together", de Mariah Carey – que passou 14 semanas no topo da lista. Nessa época Mariah

Carey era praticamente imbatível, então, para Rihanna esse segundo lugar deve ter tido sabor de vitória; ele era o ponto mais alto a que qualquer um podia esperar chegar diante da imensa popularidade de "We Belong Together".

Rihanna declarou à revista *Glamour:* "Em questão de semanas, o primeiro single ("Pon de Replay") já estava no rádio. Então nós gravamos o videoclipe e a canção decolou de vez. E lá estava eu na lista dos Top 10 junto com artistas que venerava. Jay-Z me dizia: 'Isso é muito raro de acontecer, não vá ficar mal acostumada'. E eu pude ver como aquele momento era especial".

O single não foi bem só nos Estados Unidos; ele também emplacou nas paradas da Nova Zelândia, do Japão e da Hungria, e chegou ao segundo lugar no Reino Unido e na Irlanda. Para muitas pessoas no mundo todo, a canção se transformou na música-tema do verão de 2005.

Com o sucesso de "Pon de Replay", Rihanna foi convidada para fazer nove shows pelos Estados Unidos. A miniturnê teve o patrocínio da Procter & Gamble, que queria a cantora para promover sua nova linha de desodorantes. A turnê "Rihanna's Secret Body Spray" passou por Cincinnati, Chicago, Salt Lake City, Washington, Portland, Seattle, Dallas, Phoenix e Atlanta. O primeiro show aconteceu em 26 de outubro de 2005, e o último, em 7 de dezembro do mesmo ano. No início de cada apresentação, a plateia recebia amostras grátis do novo produto e então Rihanna subia ao palco para cantar seis músicas. Em seguida, ela respondia a perguntas do público e distribuía autógrafos. Eram shows agradáveis, com um clima intimista, que lhe deram a oportunidade de encontrar pessoalmente pela primeira vez alguns de seus fãs. Como não fazia muito tempo que ganhara o status de "celebridade", Rihanna ainda estranhava quando lhe pediam um autógrafo ou queriam tirar fotos em sua companhia.

A artista havia trabalhado duro e merecia o sucesso alcançado, mas andava tão ocupada que não tinha tempo de ir para casa. Na época, ela disse à revista *OK!:* "Eu não volto [a Barbados] há muito tempo. Moro em Nova York agora. Assim que tiver uma chance de voltar a St. Michael eu quero ir ao The Boatyard, que é uma boate que há por lá. Eu adoro aquele lugar. O clima é bem jovem e a música é sempre muito boa".

O segundo single de *Music of the Sun* a ser lançado foi "If It's Lovin' That You Want". Lançado no dia 28 de novembro de 2005, ele não impressionou as plateias americanas tanto quanto o single de estreia, e ficou apenas no 36º lugar entre as músicas mais tocadas. O desempenho no exterior foi melhor, e a canção chegou a ser número 8 na Irlanda, número 9 na Austrália e Nova Zelândia, número 11 no Reino Unido e número 13 na Holanda.

O clipe teve a direção de Marcus Raboy e foi filmado em uma praia da Califórnia. Depois do lançamento do primeiro single e de terem rodado o mundo para promovê-lo, as dançarinas se transformaram em amigas de Rihanna. Já os homens que aparecem nesse videoclipe são completos desconhecidos, ela só os viu no dia da filmagem. Todos apareciam pilotando *jet skis* e brincando na água, como Rihanna costumava fazer com seus amigos de verdade em Barbados. O símbolo do tridente volta a aparecer nas três esculturas de areia que formam o pano de fundo para Rihanna e os dançarinos na cena iluminada pelas tochas.

Durante a filmagem, a cantora declarou à MTV: "Esse clipe tem a ver com diversão, com uma celebração à *vibe* do Caribe. Nós fizemos uns lances meio de sereia na areia e eu canto como se a câmera fosse o meu namorado. Agora nós estamos indo filmar [algumas cenas] com a luz das tochas. Vai ser fantástico!".

"A letra basicamente é a garota dizendo para o cara: 'Se o que você quer é amor, então fique comigo que eu lhe dou o que você precisa.'"

O terceiro e último single desse primeiro disco foi a canção "Let Me", que teve lançamento exclusivo no Japão e alcançou o 8º lugar da parada de sucessos local.

Enquanto promovia o disco *Music of the Sun,* Rihanna fez uma aparição no filme lançado diretamente em DVD *Bring It On: All or Nothing* (2006). Além de aparecer interpretando a si mesma, ela faz a voz que anuncia o clímax da história, quando a equipe vitoriosa de *cheerleaders* é escolhida. Rihanna teve que atuar diante de centenas de pessoas, mas não se abalou com isso. E, para completar, nem teve tempo de ensaiar para o papel, porque passou apenas um dia no set de filmagem.

No filme, uma *cheerleader* da escola de elite fica chateada porque a outra equipe foi a vencedora, e o que ela diz a Rihanna nessa hora chega "às raias do racismo", segundo o diretor Steve Rash, que deu uma declaração ao 4Music a respeito. Ele conta que não havia dado a Rihanna uma fala para responder ao insulto, mas que ela reagiu usando a sua linguagem corporal. Isso deixou o diretor impressionado, pois só uma atriz verdadeira é capaz de passar uma mensagem usando gestos em vez de palavras.

O filme era estrelado pela atriz da série *Heroes*, Hayden Panettiere, e pela irmã de Beyoncé, Solange Knowles, e era a segunda sequência do *Bring It On* original (lançado no Brasil como *Teenagers - As Apimentadas*), estrelado por Kirsten Dunst. Rihanna não encarou o filme como seu primeiro grande trabalho como atriz porque estava só se divertindo, mas seus fãs adoraram a atuação.

Em entrevistas posteriores, ela afirmou que tinha o desejo de atuar em algum drama, filme de terror ou de ação no futuro.

A família da cantora e seus amigos de Barbados se sentiam felizes por ver Rihanna conseguindo realizar seus sonhos, mas isso não impediu que algumas pessoas inventassem mentiras a seu respeito. Rihanna explicou à jornalista Margeaux Watson, do site EW.com: "Quando eu assinei meu primeiro contrato e voltei para Barbados, logo começou o falatório. As pessoas diziam: 'Ah, ela só pode ter dormido com Jay-Z para ter conseguido'. Essa foi a primeira vez que ouvi as fofocas. Mas falam essas m*** a meu respeito o tempo todo". A impressão era de que as pessoas estavam com inveja do sucesso da artista e queriam puxá-la para baixo.

Nos Estados Unidos, começaram a circular boatos sobre um relacionamento entre Rihanna e Jay-Z, ainda que ele na época estivesse oficialmente namorando Beyoncé. Isso foi particularmente difícil para a cantora, uma vez que ela estava apenas no início da carreira e Jay-Z era o seu mentor, nada além disso. Eles haviam saído para jantar juntos algumas vezes a trabalho, e era para ele que ela sempre ligava quando estava com alguma dificuldade. Ambos negaram qualquer envolvimento, mas algumas pessoas se recusaram a deixar morrer a história e seguiram fazendo comentários maldosos em fóruns na internet.

A mídia parecia querer insinuar que Rihanna estava tentando roubar Jay-Z de Beyoncé, e que por causa disso Beyoncé estaria furiosa com Rihanna. Mas o fato é que isso não poderia estar mais distante da realidade. Na ocasião em que foi entrevistada pela apresentadora Tyra Banks, Rihanna estava com um dedo quebrado, o pé enfaixado e usando uma bengala para se apoiar; Tyra fez piada dizendo que ela havia sido empurrada de uma escada por Beyoncé, e a reação de Rihanna foi rir da brincadeira.

Na verdade, ela havia saído para umas férias e a primeira coisa que quis fazer foi ir à piscina – mesmo sendo 4 horas da manhã. Enquanto corria de volta para o quarto da amiga com quem tinha viajado, ela tropeçou numa cadeira pesada de mogno e acabou machucando o dedo.

Rihanna e Jay-Z conversaram sobre os boatos desde o princípio, e o conselho do rapper para ela foi que tentasse ignorar o que as pessoas andavam dizendo. Quanto mais surgiam fofocas sobre a sua suposta rivalidade com Beyoncé, mais irritante a situação ia se tornando. A verdade é que as duas cantoras se dão muito bem, e Rihanna considera Beyoncé uma das pessoas mais doces e gentis que já conheceu.

Mesmo com a agenda cheia, Rihanna conseguia tirar folgas ocasionais, e retornou a Barbados para passar o Natal de 2005. Ela gostou de poder matar as saudades dos amigos e da família, de comer a comida preparada pela mãe e visitar todos os lugares que frequentava antes de se tornar famosa. Mas o tempo todo sentia falta da música, e ficou ansiosa por voltar aos estúdios de gravação.

2006: *A GIRL LIKE ME*
("Uma garota como eu")

Apenas oito meses depois do lançamento de *Music of the Sun,* o segundo disco de Rihanna chegou às lojas. *A Girl Like Me* saiu em abril de 2006. Para a maioria dos artistas, seria impossível tentar manter o ritmo de trabalho que ela estava seguindo: Rihanna compunha, gravava e promovia o seu trabalho sem parar. Mas ela não se incomodava com isso; enfim estava tendo a chance de trabalhar com o que sempre sonhara fazer, e estava disposta a trabalhar das 6 horas da manhã às 6 da tarde, se fosse o caso.

A Girl Like Me foi lançado primeiro no Japão, no dia 19 de abril de 2006. Cinco dias mais tarde o disco estava nas lojas do Reino Unido, e foi então lançado nos Estados Unidos, no dia 25 de abril. Evan Rogers e Carl Sturken eram os compositores de boa parte das faixas, juntamente com Ne-Yo, Sean Paul, com o produtor J. R. Rotem e com a equipe de produção da Stargate (Tor Erik Hermansen e Mikkel Storleer Eriksen). O clima geral era mais ou menos o mesmo de *Music of the Sun,* embora algumas faixas mostrassem uma influência mais rock and roll. Rihanna havia feito uma turnê pelo Japão com Gwen Stefani para promover *Music of the Sun,* e o estilo musical de Stefani acabou influenciando seu próprio trabalho.

O disco vendeu bem no mundo todo, à medida que os fãs de Rihanna corriam para comprar a novidade. Ele chegou ao topo das paradas no Canadá e ficou em 5º lugar nos

Estados Unidos e no Reino Unido. Na primeira semana de lançamento, somente nos Estados Unidos foram vendidas 115 ml cópias – quase o dobro da marca atingida por *Music of the Sun* no mesmo período, o que mostra como a popularidade de Rihanna havia crescido. *A Girl Like Me* também ficou na lista dos Top 10 na Austrália, Bélgica, República Tcheca, Hungria, Irlanda, Japão, México, Nova Zelândia e Suíça!

Para conseguir ter o seu segundo disco lançado num intervalo tão curto após a saída de *Music of the Sun,* Rihanna teve que compor e gravar novas faixas enquanto ainda estava promovendo o primeiro disco. O desafio foi imenso, já que ela passou essa época viajando de cidade para cidade. Era preciso passar muitas noites em estúdio gravando até tarde, para na manhã seguinte acordar cedo e cair na estrada outra vez. Para ter sucesso na empreitada, ela precisou contar com toda a sua força de vontade e ter cuidado para não entrar num estado de esgotamento. A canção "Kisses Don't Lie" foi criada em Barbados, porque foi lá que a dupla que a descobriu compôs a música (com a ajuda de Rihanna), e a gravação também foi feita na ilha. Ao todo, Rihanna e a equipe precisaram de cinco meses para concluir o novo disco.

Rihanna decidiu dar o nome de *A Girl Like Me* para o disco, ou "Uma Garota Como Eu", porque as faixas falavam da sua própria experiência de vida e das coisas que outras meninas da mesma idade enfrentam o tempo todo. Ela explicou à MTV: "Eu amadureci bastante do ponto de vista vocal, e as letras estão falando de assuntos sobre os quais eu nunca cantaria [antes disso]. Agora eu canto sobre experiências que eu passei e coisas que outras garotas de 18 anos enfrentam em suas vidas. É um momento de evolução".

Nesse disco Rihanna canta sobre a complexidade do amor, dos segredos, das armadilhas dos relacionamentos amorosos, sobre ser traída e sobre as pessoas que tentam puxar você para baixo.

Depois que o disco foi concluído, ela usou várias estratégias para promovê-lo. Saiu em uma turnê própria, além de participar na turnê australiana "Rock Tha Block" junto com Jay-Z e Ne-Yo, e ainda fazia a abertura para a

"PCD World Tour" montada pelo grupo Pussycat Dolls no Reino Unido em novembro. Rihanna cantava 11 músicas em cada show, antes de as garotas do grupo subirem ao palco. Isso tudo deve ter sido extremamente cansativo, mas Rihanna sempre deu tudo de si. Naturalmente, sua intenção era que a plateia saísse dos estádios com vontade de ir comprar seu disco *A Girl Like Me.*

A lista de faixas desse segundo disco é a seguinte:

1. "S.O.S."
2. "Kisses Don't Lie"
3. "Unfaithful"
4. "We Ride"
5. "Dem Haters" (participação de Dwane Husbands)
6. "Final Goodbye"
7. "Break It Off" (participação de Sean Paul)
8. "Crazy Little Thing Called Love" (participação de J-Status)
9. "Selfish Girl"
10. "P.S. (I'm Still Not Over You)"
11. "A Girl Like Me"
12. "A Million Miles Away"
13. "If It's Lovin' That You Want (Part 2)" (participação de Cory Gunz)

Para a capa do disco, Rihanna e a gravadora escolheram uma foto em *close* bem simples e que mostrava a beleza natural da cantora. O cabelo está solto e esvoaçante, cobrindo uma parte do rosto quase sem maquiagem nenhuma, e a mão esquerda parece prestes a levantar a alça da roupa. O rosto é o foco principal da foto, que foi tirada em uma área externa, sob a luz natural. No alto da capa, lemos o nome de Rihanna e o título do disco.

Para a edição de luxo limitada, foi escolhida uma segunda arte para a capa. Nessa imagem, Rihanna aparece de pé, de perfil, com a mão direita tocando a parede às suas costas e o rosto voltado para encarar a câmera. O cabelo aparece solto novamente, e a cantora está usando os brincos grandes que se tornaram a sua marca registrada e um vestido roxo decotado nas costas.

Na capa do single "S.O.S.", Rihanna está com um ar sensual. Ela aparece sentada no chão encostada a uma parede de pedra, e uma das mãos brinca com o colar que traz ao pescoço. Um dos dedos deslizou para dentro da blusa branca e o olhar para a câmera é provocativo. O cabelo aparece ondulado e com um visual natural, e um dos olhos está coberto pela franja.

A foto da capa de "Unfaithful" foi tirada na mesma sessão da que foi escolhida para o single "S.O.S.", e ela aparece usando a mesma blusa branca, o mesmo jeans e o mesmo colar. Dessa vez os braços estão ao lado do corpo e o seu olhar está voltado para a esquerda. O nome da cantora e o título do single aparecem em letras bem maiores, cobrindo toda a metade inferior da imagem.

Para a arte da capa de "We Ride", Rihanna está usando o mesmo vestido roxo que aparece na capa da edição limitada do álbum. Ela está sorrindo e a foto passa uma sensação de movimento: uma parte da barra do vestido flutua atrás da cantora como se ela estivesse dançando ou correndo. O fundo é uma parede revestida de madeira, e dessa vez o nome dela e o título juntam-se no meio da imagem.

Para "Break It Off" a arte da capa foi mais importante do que nos outros singles, porque não houve lançamento de clipe da música. A partir da imagem da capa, os fãs teriam que usar a imaginação para criar o que poderia ter sido o videoclipe, caso ele tivesse sido filmado. A imagem escolhida por Rihanna foi dela usando um vestido branco longo (que os fãs acharam que poderia ser um vestido de noiva), correndo, com as mãos erguendo a parte da frente da saia para facilitar os movimentos e dando a impressão de que ela está prestes a dar uma pirueta. A sensação é de que a cantora está de férias num país estrangeiro, com a vegetação ao fundo formando um cenário tropical.

"S.O.S." foi o primeiro single que Rihanna lançou do seu segundo disco, e ele chegou ao primeiro lugar da parada musical americana no dia 13 de maio. Agora ela havia conquistado aquilo que sempre desejara: ter um single como número 1 entre as músicas mais tocadas!

Rihanna teve uma surpresa ao receber a notícia de que o single conquistara o primeiro lugar, porque num instante ele estava abaixo do número 30 e logo depois pulou para o topo. A posição foi mantida durante três semanas nos Estados Unidos, mas o desempenho na Austrália foi ainda melhor: lá, o single "S.O.S." permaneceu como número 1 por oito semanas seguidas. Ele também atingiu o topo da parada canadense e foi o número 2 no Reino Unido, na Bélgica, na Alemanha e na Hungria.

A canção foi um sucesso tanto entre os fãs quanto de crítica, porque tinha uma batida que lembrava "Pon de Replay" e trazia um trecho sampleado de "Tainted Love", do Soft Cell. Os compositores também usaram a estratégia de incluir na letra trechos de diversos sucessos dos anos 80, desde "The Way You Make Me Feel", de Michael Jackson, até "You Keep Me Hangin' On", de Kim Wilde.

Antes da gravação Rihanna não conhecia muito bem a faixa "Tainted Love" – afinal, a música dos anos 80 não fez parte do seu passado musical em Barbados –, ela só ouvira a canção algumas vezes depois que se mudara para os Estados Unidos. Na verdade, ela era a segunda cantora na fila para o relançamento: a canção fora enviada inicialmente para Christina Milian, que acabou decidindo não gravá-la para o seu terceiro disco. Rihanna talvez não fosse a primeira opção, mas quando assumiu a canção imprimiu nela o seu estilo pessoal – depois de três dias em estúdio, a gravação estava pronta para ser incluída no álbum.

Para essa faixa, a cantora produziu um videoclipe principal e dois vídeos promocionais adicionais, um para a Agent Provocateur e outro para a Nike. No clipe principal ela aparece usando um celular Nokia que é mostrado num *zoom* da câmera, fazendo uma clara promoção da marca. Durante um tempo, isso fez com que a MTV o deixasse de fora da sua programação. Rihanna era tão popular entre os jovens que as empresas estavam dispostas a pagar quantias altas para que ela promovesse suas marcas nos videoclipes. "S.O.S." foi o primeiro clipe da cantora a apresentar esse tipo de posicionamento de produto, e o dinheiro oferecido em troca pelas empresas sem dúvida cobria parte das despesas de produção.

Em 2010, Rihanna falou ao *NME* sobre a questão dos posicionamentos de produto: "Eu não gosto que as coisas

fiquem tão comerciais. Detesto fazer posicionamento de produto nos meus clipes. Os videoclipes deveriam só contar a história da canção".

"Com o posicionamento de produto, a coisa toda se transforma numa grande campanha publicitária. Isso não me agrada nem um pouco. Às vezes é necessário [usar produtos num videoclipe] por razões políticas, mas não é nunca a minha primeira opção."

Além de ser o maior sucesso de Rihanna até o momento, "S.O.S." foi premiada pela Billboard Music Award na categoria Hot Dance Airplay e ganhou o prêmio MuchMusic Video de "Melhor Videoclipe de Artista Internacional". Os boatos surgidos no lançamento de "Pon de Replay" de que Rihanna era uma artista de um único sucesso foram derrubados. A cantora estava no mercado para ficar!

A balada "Unfaithful" foi o lançamento seguinte, uma composição de Ne-Yo, Tor Erik Hermansen e Mikkel Storleer Eriksen. Rihanna já vinha querendo trabalhar com Ne-Yo havia um tempo, depois de ter ficado impressionada com a faixa composta por ele para o cantor Mario. Ela havia adorado "Let Me Love You", e quando recebeu Ne-Yo em estúdio pela primeira vez os dois conversaram sobre uma possível parceria. Na ocasião a cantora já estava com as faixas do primeiro disco prontas, mas, estando esse trabalho concluído, os dois começaram a pensar numa faixa para *A Girl Like Me*. E essa faixa seria "Unfaithful", uma canção diferente de tudo o que Rihanna fizera até ali. Balada melodiosa em vez de uma batida mais dançante, ela se transformou numa das favoritas da cantora.

"Unfaithful" fala de uma mulher que está traindo o namorado. Rihanna admitiu ter usado uma experiência pessoal que vivera aos 14 anos de idade, mas no caso dela o relacionamento não envolvera intimidade física. Em entrevista à MTV, ela confessou: "Eu sou tratada como assassina nessa música, como se estivesse acabando com a vida desse cara ao magoá-lo, ao traí-lo. Ele fica sabendo e se sente arrasado. Saber que outro cara está me fazendo feliz está matando o sujeito. Eu adoro essa canção porque todo mundo sempre vive falando que são os homens que traem e ela põe o assunto na perspectiva certa: garotas também traem".

"Unfaithful" chegou ao número 6 nos Estados Unidos no dia 22 de julho e alcançou o segundo lugar entre as mais tocadas no Reino Unido, na Irlanda, Austrália, Áustria, Alemanha e Noruega.

O clipe de "Unfaithful" teve a direção de Anthony Mandler. A ação se passa num restaurante, em cima de um palco. O filme homônimo (lançado no Brasil como *Infidelidade*) estrelado por Richard Gere e Diane Lane é atribuído como fonte de inspiração para a ideia do videoclipe.

Nele, Rihanna está à mesa de um restaurante e recebe um bilhete do amante num momento em que o namorado havia se retirado. Mais tarde, ela aparece enviando uma mensagem de texto e indo se encontrar com ele enquanto o namorado dorme. Algumas cenas mostram Rihanna cantando ao lado de um pianista num palco, e ele se revela como o amante. Depois que a "apresentação" termina, a cantora sai e o namorado vai encontrá-la. Ao ser abraçada, ela não consegue conter as lágrimas.

No mesmo mês em que "Unfaithful" foi lançado, Rihanna partiu em sua primeira turnê de fato. Ela recebeu o nome "Rihanna: Live in Concert" e percorreu ao todo mais de trinta localidades nos Estados Unidos e no Canadá – houve uma apresentação especial na Jamaica como parte do Red Stripe Reggae Sumfest. Em datas predeterminadas, os shows tiveram a participação de Sean Paul, Ciara, J-Status, Trey Songz, Yung Joc, Field Mob e Jeannie Ortega – esses artistas se apresentavam antes da cantora em shows de abertura ou subiam ao palco com ela para participar de algumas das músicas.

Estar no palco todas as noites foi uma emoção tão forte para Rihanna que ela terminou a turnê já mal podendo esperar pela próxima.

"We Ride" foi o terceiro single desse disco a ser lançado, mas ele ficou de fora da lista das Top 100 americanas na época do lançamento, em agosto de 2006. A canção alcançou o número 4 das paradas na Finlândia, número 7 na Alemanha, número 17 no Reino Unido e Irlanda e número 24 na Austrália.

Rihanna estava otimista e achava que a canção teria um bom desempenho, porque os seus fãs davam mostras de terem adorado: antes do lançamento, a faixa já era a terceira mais baixada no iTunes. Ela declarou à MTV: "'We Ride' é sobre um cara que repete sem parar uma promessa de ficarem juntos até a morte e acaba quebrando a palavra, o que é uma coisa triste – mas é verão e eu não estou nem aí se você vai fazer essa coisa feia e me trair, porque vou poder cuidar da vida, curtir com as amigas e me divertir".

"O clima de verão é assim. Todo verão você guarda a lembrança de algum namoro da estação e de uma música do momento. 'We Ride' foi feita para ser uma dessas canções."

O single "Break It Off" foi lançado em dezembro de 2006, mas não teve um videoclipe. Foi o último lançamento do álbum *A Girl Like Me.* A canção foi escrita por Sean Paul, Rihanna, Donovan Bennett e Kirk Ford. Sean Paul canta a maior parte do single, com Rihanna fazendo participações.

Quando Rihanna incluía a canção nos shows em geral era como parte de um *medley*, porque a parte cantada por ela dura menos de dois minutos.

"Break It Off" chegou ao nono lugar da parada de sucesso dos Estados Unidos e foi número 19 no Canadá – um desempenho excelente se considerarmos que não houve clipe para a música. Os fãs se mostraram desapontados com a decisão da Def Jam e da Atlantic Records de não produzir o videoclipe, mas a essa altura Rihanna já estava ocupada demais com o planejamento do disco seguinte.

GOOD GIRL GONE BAD
("A boa menina mostra as garras")

Rihanna iniciou o ano de 2007 com uma parceria com o grupo jamaicano J-Status na canção deles "Roll It". A faixa era uma versão modernizada de "Roll It Gal", composta originalmente por Shontelle Layne e Sheldon Benjamin para a cantora Alison Hinds. Layne e Benjamin fizeram mudanças na letra especialmente para a regravação de J-Status com Rihanna (e Shontelle também teve uma participação nos vocais).

J-Status e Shontelle eram artistas contratados pelo SRP, o selo de Evan Rogers e Carl Sturken. J-Status quer dizer "pessoas de status jamaicano". O grupo havia trabalhado com Rihanna pela primeira vez em seu disco *Music of the Sun,* participando com os vocais masculinos de "Here I Go Again". "Roll It" foi o primeiro single do seu disco de estreia, *The Beginning.*

O álbum foi lançado na Alemanha, Finlândia, Suíça e Portugal, mas só chegou a conquistar uma posição no Top 10 na parada finlandesa, ficando com o oitavo lugar.

Nessa época Rihanna ainda era uma moça solteira. Ela saiu com o ator Shia LaBeouf, do filme *Transformers,* mas o clima entre os dois não esquentou. Shia explicou à revista *Playboy:* "Nunca passou de uma saída a dois. Não havia química entre nós para despertar a paixão, então resolvemos ficar só amigos".

Para o terceiro disco, a cantora quis mostrar ao mundo como era a Rihanna *de verdade.* Ela não estava disposta a aceitar instruções dos outros sobre como se arrumar, como cantar ou se portar – ela não era mais uma garota de 16 anos; agora era uma mulher e estava pronta para exibir o seu lado mais rebelde. A sua imagem de "boa garota comum" estava prestes a ser descartada.

Quando os fãs compraram suas cópias do álbum *Good Girl Gone Bad,* eles tiveram contato com um novo lado de Rihanna – e a cantora ficou satisfeita com isso. Ela declarou à agência Bang Showbiz: "[Antes do lançamento de *Good Girl Gone Bad*] Eu estava presa a uma agenda insana. Era meio injusto, mas eu ia levando. O meu foco era me fazer respeitar como artista, conseguir deixar a minha marca na indústria".

"Eu não estava 100% ou nem sequer 75% no controle da minha imagem ou da minha música. E falei a eles: 'Se insistirem em divulgar essa imagem perfeitinha de mim, nunca vou chamar a atenção'. Eu passava despercebida. Era tudo muito seguro, o cabelo cacheado e loiro. Era uma fórmula. Mas eu não queria ser igual a todas as outras artistas. Eu queria me destacar. A única maneira de fazer isso seria assumindo as rédeas da minha imagem e da minha música. E deu certo. *Good Girl Gone Bad* marca um grande ponto de virada para mim."

As pessoas pensam que ser uma cantora de fama internacional deve ser a melhor carreira do mundo, mas ela tem os seus dissabores. Rihanna trabalha muito duro o tempo todo, e quando era mais jovem perdeu muitas coisas que fazem parte da experiência de vida de todos os adolescentes normais. Mas ela sempre teve consciência de que precisava fazer esses sacrifícios para conseguir realizar o seu sonho, e revelou à revista *GQ:* "Nada na vida vem fácil. Tudo implica um sacrifício. Se é isso que eu mais amo fazer, então preciso aturar a m***, as coisas que eu não adoro e que vêm no pacote".

Ne-Yo participou de *Good Girl Gone Bad,* juntamente com Justin Timberlake, Timbaland e Tricky Stewart, além de Evan Rogers e Carl Sturken. Justin Timberlake foi o autor de "Rehab", e ele declarou à *Entertainment Weekly:* "Ela é uma artista jovem dando seus primeiros passos no mundo adulto. Para mim, essa canção ('Rehab') é a ponte para que ela seja aceita como adulta na indústria da música".

Justin Timberlake

Jay-Z também deu mostras de ter notado as mudanças de Rihanna, ao comentar: "Ela encontrou sua voz. Isso é a melhor coisa que pode acontecer a qualquer gravadora, ter um artista que resolve tomar a iniciativa e assumir o controle de sua carreira – ela deixou o ninho". Ele fez algumas comparações com o disco *Control*, de Janet Jackson, que foi o disco que marcou a virada da estrela com seu lançamento, em 1986.

Jay-Z é um amigo de Rihanna, além de seu mentor na indústria da música, e por ser famoso também pode dar a ela bons conselhos sobre como lidar com a fama. Ele disse à jornalista Margeaux Watson: "O maior conselho que eu posso dar a ela é que mantenha o seu círculo pessoal bem coeso, porque ela não vai conseguir controlar mais nada fora dele. Ela não pode controlar a opinião das pessoas sobre os seus discos ou sobre o que está sendo dito nos blogs, mas se tiver amigos decentes também não vai se deixar levar pelo estilo de vida de loucura total. Eles vão se encarregar de trazê-la de volta [para a terra firme] e dizer: 'É melhor baixar um pouco essa saia'".

Além de modificar a sua linha de música, Rihanna também fez alterações na imagem pessoal: o estilo menina caribenha foi deixado de lado quando a cantora passou a escolher roupas que valorizavam a sua silhueta de mulher feita. Ela também se rebelou cortando o cabelo curto, algo que já estava com vontade de fazer havia tempos, mas não fizera porque as pessoas à sua volta gostavam de seus cabelos compridos. Rihanna queria que o seu cabelo fosse uma via de expressão, e não a mesma cabeleira comprida e lisa que Beyoncé e tantas outras cantoras envergavam.

Ela voltou a trabalhar em parceria com Ne-Yo e juntos eles compuseram "Hate That I Love You". Ele também foi o autor de "Good Girl Gone Bad", "Question Existing" e "Take a Bow" (que entrou na edição *Good Girl Gone Bad: Reloaded*). Ne-Yo ainda deu a Rihanna algumas aulas de canto. Ela queria a garantia de que seus vocais alcançassem o máximo de seu potencial, e se havia alguém à altura do desafio de ensinar Rihanna, esse alguém era Ne-Yo. Ela era dona de um talento natural para o canto, mas não conseguia entender certas coisas que seu novo professor lhe pedia para fazer, como acabou confessando à MTV: "Ele é um gênio. Eu nunca tinha tido um treinamento de voz formal, então, quando estou em estúdio ele me dá dicas de como respirar e essas coisas. E eu digo: 'Como é?', porque ele usa esses termos técnicos e tudo o mais: 'Muito bem, agora faça um *staccato*'. E eu: 'Tá, mas eu não sei o que é isso.'"

Good Girl Gone Bad foi lançado em maio de 2007 e a edição *Good Girl Gone Bad: Reloaded* saiu em junho do mesmo ano. O disco original foi um grande sucesso e vendeu 162 mil cópias só na primeira semana. Ele já entrou na parada de sucesso americana ocupando o segundo lugar e também teve boas colocações nas paradas da Europa, Reino Unido, Irlanda, Canadá, Hungria e Polônia, e alcançou o posto de número 2 na Austrália e na Dinamarca.

Enquanto compunha e gravava faixas de seu novo disco, Rihanna passou uma fase ouvindo o álbum *Afrodisiac*, de Brandy. Ela adorava todas as faixas, sem exceção – não havia nenhuma que não quisesse ficar ouvindo e ouvindo sem parar. Essa sensação deixou a cantora ávida por produzir um disco que fizesse os seus fãs terem exatamente a mesma reação: queria um disco em que cada faixa fosse tão forte quanto todas as outras.

Good Girl Gone Bad tem canções mais agitadas do que a seleção escolhida para *A Girl Like Me*, e é um disco de levada mais pop sem negligenciar as influências do R&B e do dance. Antes do seu lançamento, Rihanna disse à MTV: "Você está num humor diferente a cada disco, e neste momento eu ando com vontade de trabalhar mais com as [músicas] agitadas. Quero fazer as pessoas dançarem sem parar, mas tocando suas emoções ao mesmo tempo".

Ela revelou a nova Rihanna ao site Star Phoenix: "Eu basicamente incorporei a atitude de *bad girl*, me rebelei e tomei a decisão de fazer tudo do meu jeito – não quis dar ouvidos a ninguém, não consultei a opinião de ninguém. Eu estou querendo só me divertir mais com a minha música e jogar com um pouco mais de experimentalismo quando o assunto é a minha imagem e o som que eu faço. E reinventei a mim mesma. No fundo, tudo depende sempre da atitude que você assume em relação às coisas. Eu não estou indo com cuidado, estou só pensando em me divertir – e estou assumindo riscos porque *bad girls* correm riscos".

A lista de faixas de *Good Girl Gone Bad* é a seguinte:

1. "Umbrella" (participação de Jay-Z)
2. "Push Up On Me"
3. "Don't Stop the Music"
4. "Breakin' Dishes"
5. "Shut Up and Drive"
6. "Hate That I Love You" (participação de Ne-Yo)
7. "Say It"
8. "Sell Me Candy"
9. "Lemme Get That"
10. "Rehab"
11. "Question Existing"

No Reino Unido, a faixa "Cry" foi incluída como bônus e a versão japonesa do disco veio com "Haunted" também.

As faixas extras para a edição *Good Girl Gone Bad: Reloaded* foram:

1. "Take A Bow"
2. "If I Never See Your Face" (com Maroon 5)
3. "Disturbia"

O disco *Good Girl Gone Bad: Reloaded* trazia junto um DVD documentando a apresentação de Rihanna em Manchester. Foi um sucesso estrondoso de vendas e ficou esgotado em muitas lojas.

Para a arte da capa de *Good Girl Gone Bad,* Rihanna aparece trajando um vestido branco e envolta em sombras, o que passa a impressão de que ela ao mesmo tempo é boa (o vestido branco) e malvada (a sombra). A fotografia foi tirada de perfil e o olhar de Rihanna está voltado ligeiramente para baixo para encarar a câmera; os braços aparecem cruzados na frente do corpo, com as mãos juntas. O nome da cantora está escrito em letras verdes graúdas que atravessam a parte central da imagem, com o título do disco em letras minúsculas brancas mais abaixo. Para a versão *Reloaded* foi usada a mesma imagem, mas sobre um fundo verde e com o nome da cantora em vermelho.

A capa do single "Umbrella" se transformou em uma das mais emblemáticas da carreira de Rihanna. A foto mostra a cantora de galochas e segurando um guarda-chuva com a ponta apoiada no chão. A cabeça está jogada para trás e a mão esquerda passa pelos cabelos. Rihanna está perto de uma piscina, e vemos um imenso redemoinho de água às suas costas. O nome da cantora e o título do single são vistos no canto superior esquerdo.

Para a capa de "Shut Up And Drive", Rihanna escolheu uma foto de clima mais intimista, em que aparece num sofá roxo e com o suéter abaixado para revelar um sutiã preto. Ela está de costas para a câmera, mas espia por cima do ombro com um ar sedutor. O nome de Rihanna aparece em verde, como na capa do disco, e o título da canção vem mais uma vez em letras minúsculas.

Na capa do single "Hate That I Love You", a cantora está de joelhos num quarto, olhando diretamente para a câmera. O cabelo cobre o olho esquerdo e ela está usando um vestido preto que realça suas curvas. A mão esquerda toca o ombro direito, e Rihanna está usando um par de luvas negras. A imagem revela seu lado sexy mas ao mesmo tempo vulnerável. Os lençóis são amarelos e as paredes são pintadas de roxo: o contraste dessas cores com o vestido preto destaca ainda mais a figura de Rihanna. O nome dela atravessa a metade inferior da imagem, dessa vez em letras roxas. O título da canção é mostrado em branco, embora dessa vez em letras maiúsculas.

A arte da capa de "Don't Stop The Music" lembra muito a do disco principal. Rihanna está usando um vestido branco. O fundo é negro e há um foco de luz branca voltado para a cantora, que tem o olhar fixo à frente. O olho esquerdo está coberto por uma mecha de cabelo e a cantora aparece ligeiramente apoiada na perna esquerda (pose que acentua as suas curvas), com o braço direito tocando de leve o quadril. O nome de Rihanna está escrito em verde no canto superior esquerdo, e o título do single aparece em letras brancas logo abaixo.

Para "Take a Bow", Rihanna escolheu simplesmente uma foto de si mesma com a cabeça inclinada. Ela não está usando muita maquiagem e a única joia é um colar simples de ouro e brincos pequenos na orelha esquerda (a tatuagem em forma de estrela que ela tem na orelha também aparece na foto). Abaixo do rosto da cantora vemos o seu nome escrito em preto e o título da canção em cor-de-rosa.

A arte da capa de "Disturbia" também faz a linha mais sutil: ela é simplesmente uma imagem em *close* do rosto da cantora. A maquiagem é minimalista, com lábios em tom *nude*, e a porção visível do fundo é preta. Essa é uma das capas menos memoráveis da carreira de Rihanna.

Para "Rehab" a escolha foi uma capa mais colorida, que refletisse a paisagem desértica mostrada no videoclipe. A cabeça e os ombros de Rihanna são mostrados de viés, com o olhar da cantora voltado para um ponto à direita da imagem. Se fosse em preto e branco, a foto correria o risco de ganhar uma aparência brusca demais, mas o verde das alças nos seus ombros, o brilho dos brincos de pingente e a luz esverdeada que ilumina o seu rosto lhe dão um ar caloroso e convidativo. O sol brilhando e o pano de fundo indistinto dão ainda mais cor à cena. O nome de Rihanna e o título da canção aparecem escritos em letras brancas no canto inferior direito da capa.

Quando o single "Umbrella" foi lançado, em março de 2007, a canção enlouqueceu o público e logo disparou para o topo da lista Hot 100 da Billboard americana. A canção permaneceu sete semanas como a mais tocada e chegou a provocar uma pane momentânea no iTunes por conta da quantidade de gente querendo baixar o arquivo. A faixa também conquistou o posto de número 1 no Reino Unido, Irlanda, Canadá, Austrália, Alemanha, França, Suécia e Suíça. No Reino Unido, ela se manteve como campeã entre as mais tocadas por dez semanas seguidas.

"Umbrella" pode ser considerada a canção que é a marca registrada de Rihanna, mas não foi composta originalmente para a voz da cantora. Letra e música são obra do produtor Christopher "Tricky" Stewart e do compositor The-Dream, cuja intenção original era entregá-la para ser gravada por Britney Spears. Quando a equipe de Britney recusou a oferta em nome da cantora alegando que já estavam com a escalação de faixas pronta para o seu disco seguinte, a dupla decidiu que "Umbrella" seria gravada então por Mary J. Blige. Eles chegaram a enviar uma cópia para a equipe dela, ao mesmo tempo em que mandavam outra para L. A. Reid. O resultado disso foi que logo se iniciou uma guerra de ofertas, porque ambos os lados se interessaram. Para a sorte de Rihanna, Mary andava ocupada demais com as suas indicações ao Grammy para ter tempo de parar e ouvir a canção. A equipe dela não poderia dar o seu "ok" definitivo antes da palavra da cantora, então eles teriam de esperar.

Tricky explicou para a MTV como foi esse processo: "Durante dois dias, nós tivemos uma guerra acirrada entre o lado de Mary J. Blige e Karen Kwak (vice-presidente executiva da divisão de Artistas e Repertório da Island Def Jam) e o lado de L. A. Reid".

"Naquela época, ouvir o nome de Mary e o nome de Rihanna era motivo para fazer você ficar na dúvida", continuou Stewart. "Mary estava lançando 'Be Without You', estava com todas as indicações ao Grammy e tudo o mais. O nosso plano era segurar a gravação até termos uma resposta dela. Mas depois do bombardeio que sofremos pela equipe de L. A. Reid, nós simplesmente não conseguimos dizer 'não'. Eles nos ligaram de 20 em 20 minutos ao longo de todo o fim de semana do Grammy. Eles estavam em todos os lugares, e sempre nos pressionando de todas as maneiras."

Depois que teve a oportunidade de ouvir "Umbrella" e entrar em estúdio para gravá-la, Rihanna se apropriou totalmente da canção e imprimiu seu estilo pessoal nela. A participação de Jay-Z personalizou ainda mais o resultado, uma vez que ele reescreveu o rap da letra com base no original criado por Tricky e The-Dream. Além de ter sido o compositor de "Umbrella", The-Dream também foi um dos autores de "Sell Me Candy", de "Lemme Get That" e de "Breakin' Dishes", que também fazem parte do disco.

Além de "Umbrella" ter alavancado Rihanna ao posto de estrela maior, a música também rendeu fama para The-Dream, que desde o lançamento dela já teve diversos discos postos à venda – entre eles, "The Love IV", em 2011. O compositor continuou escrevendo e produzindo grandes sucessos em parceria com Tricky: juntos, eles compuseram "Single Ladies", de Beyoncé, "Touch My Body", de Mariah Carey, e muitas outras canções incríveis.

Rihanna admite que se sente grata por ter tido a oportunidade de gravar "Umbrella" e pela força musical e comercial que a canção lhe rendeu – a faixa foi inclusive a motivação para um lucrativo contrato de publicidade assinado pela cantora. Ela relatou à *Q Magazine:* "Eu acabei assinando um contrato com uma marca de guarda-chuvas que tem uma linha muito boa de produtos. Isso tudo foi meio estranho, pois em Barbados, onde eu fui criada, não há uma cultura de uso de guarda-chuvas tão forte quanto no Reino Unido e na Europa. Nós até temos tempestades ocasionais, mas o Caribe é mais conhecido por ser uma região de furacões, e um guarda-chuva não tem muita utilidade nesse tipo de situação – mas sim, eu tenho alguns guarda-chuvas no armário. Uns dez, talvez? Não sei ao certo, só sei que sou grata a esse objeto pelo que ele representou na minha carreira".

O clipe de "Umbrella" teve a direção de Chris Applebaum, que havia trabalhado anteriormente com Rihanna em um dos videoclipes de "S.O.S.". Foi dele a ideia de recobrir o corpo da cantora de tinta prateada, depois de receber dela o pedido de que imaginasse alguma coisa ousada. Rihanna estava querendo fazer algo diferente no clipe de "Umbrella" e adorou a ideia. A maquiadora Pamela Neal foi incumbida de preparar a mistura, que precisou ser reaplicada a todo instante durante as filmagens. Somente Rihanna, Chris e a assistente dele ficaram no *set* para essas cenas. A cantora precisou de privacidade – afinal, tirar a roupa diante das câmeras não é uma coisa fácil de fazer. Depois que eles concluíram a cena, a assistente caiu no choro. Chris contou à MTV qual foi a reação dela quando ele lhe perguntou se estava tudo bem: "Ela olhou para mim e disse: 'Chris, ficou lindo demais! Eu não consigo acreditar que presenciei tudo de verdade. Foi a coisa mais incrível que eu já vi'. E a sensação que ficou em mim foi que havíamos acabado de filmar cenas realmente preciosas".

No clipe, Rihanna usa a técnica do balé clássico para ficar na ponta do pé. Essa parte foi ideia da cantora, e ela treinou bastante para conseguir fazer os movimentos. A técnica provoca um grande desconforto, mas a estrela não deixa sua dor transparecer nas imagens.

Rihanna assumiu um risco com o clipe de "Umbrella", mas colheu frutos graças a ele. O videoclipe ficou com os prêmios Vídeo do Ano e Single "Monstro" do Ano no MTV Video Music Awards de setembro de 2007. Isso foi uma grande alegria para Rihanna, embora ela não tenha levado os prêmios das duas outras categorias para as quais fora indicada: ela foi vencida por Fergie no prêmio de Artista Feminina do Ano e o clipe de Justin Timberlake levou o prêmio de Melhor Diretor.

A música também faturou os prêmios Hot Dance Airplay e European Hot 100: Canção do Ano no Billboard Music Awards e o título de Clipe Mais Assistido do MuchMusic.com no MuchMusic Video Awards de junho de 2008.

Na edição da premiação do Grammy de fevereiro de 2008, Rihanna teve a oportunidade de apresentar "Umbrella" e "Don't Stop the Music" diante de alguns dos melhores cantores do mundo. Ela estava empolgada por faturar o seu primeiro Grammy com a indicação da canção na categoria Melhor Parceria de Rap – e se sentia grata a Jay-Z, pois sem a participação dele a indicação jamais teria existido. Eles estavam concorrendo com Akon e Snoop Dogg com 'I Wanna Love You"; com Chris Brown e T-Pain com "Kiss, Kiss", com Keyshia Cole, Missy Elliot e Lil'Kim com "Let It Go" e com Kanye West e T-Pain por "Good Life". Ao ser anunciada, Rihanna arrastou Jay-Z para o palco e lhe deu um grande abraço. E, no discurso de agradecimento, falou: "Pai, eu sei que prometi que ia lhe dar o primeiro Grammy que ganhasse, mas nós vamos ter que disputar este aqui!".

Logo depois do sucesso de "Umbrella", Rihanna recebeu o título de "Celebridade com Pernas de Deusa" do aparelho depilador Gillette Venus Breeze e teve suas pernas seguradas com uma apólice no valor de US$ 1 milhão pela marca. Ela foi convidada também para ser jurada de uma das competições patrocinadas por eles nos Estados Unidos, e declarou na ocasião: "Eu fiquei encantada com a notícia de que a equipe Venus Breeze escolheu as minhas pernas para

Chris Brown

serem premiadas, e para mim é uma emoção participar do concurso que vai eleger a mulher com as pernas mais bonitas da América. Essa competição é uma maneira divertida de as mulheres mostrarem sua autoconfiança, seu carisma e suas lindas pernas nas passarelas".

Hoje ela despreza a homenagem da Gillette, pois tinha um contrato com a empresa na época e admite que não foi escolhida ao acaso; ela estava sendo paga para promover a sua marca de depilador e a cerimônia de premiação foi só uma encenação promocional. Rihanna assinou ainda mais contratos de publicidade depois que "Umbrella" se consagrou como hit mundial.

Ela também se transformou no rosto da marca CoverGirl de cosméticos e apareceu em seu comercial de TV. Na primeira peça, aparecia empunhando um guarda-chuva e perguntando aos telespectadores: "Quer saber o que eu tenho debaixo do meu guarda-chuva? É a nova linha Wetslicks Fruit Spritzers CoverGirl, com doze deliciosos sabores de frutas - um brilho refrescante para os seus lábios, sem aquela sensação pegajosa. Mesmo na chuva, saia por aí com o brilho das frutas realçando os seus lábios!". E ao final do anúncio ela encorajava os espectadores a comprarem o seu disco também.

Mais de 30 cantores e grupos de primeira linha fizeram *covers* de "Umbrella" desde que a canção foi lançada, o que é um imenso elogio para Rihanna e para a equipe envolvida na produção da canção. O artista escolhido para o *remix* oficial foi Chris Brown: ele fez alterações no refrão e acrescentou alguns versos à letra. A sua versão se chamou "Cinderella Under The Umbrella". Na época ele já demonstrava uma atração por Rihanna e chegou a paquerá-la, embora o relacionamento dos dois não tenha ido além disso.

A mídia tentou insinuar que eles estariam saindo juntos, e fãs dos dois artistas torciam pelo romance, mas no começo eles eram mesmo só amigos. A amizade no final se transformaria em relação amorosa, mas antes disso Chris se tornou um grande amigo de Rihanna. Ao lado dele, ela se esquecia de todo o estresse e das preocupações. Ele conhecia de perto a fama e a sensação de estar o tempo todo na estrada envolvido com gravações e promovendo singles e álbuns. Desde a época da assinatura do primeiro contrato Rihanna teve que se comportar feito adulta, tomando conta de si mesma. Poder relaxar ao lado de Chris fazia a cantora se lembrar da sensação de ser uma adolescente sem preocupações.

Depois de ter ganhado o Grammy, ela teve a companhia de Chris na viagem que fez para rever amigos e familiares em Barbados. Na comemoração do aniversário de 20 anos da cantora, ele estava presente para cantar "Happy Birthday" *a capella* e ajudá-la a cortar o bolo. Em seguida os dois rumaram para a Jamaica para um merecido descanso. Rihanna tinha uma apresentação agendada no show "Smile Jamaica Africa Unite" de sábado à noite, mas os dois tiveram tempo de se divertir bastante na piscina do luxuoso hotel Hilton Kingston.

Estar ao lado de Chris e ter uma via de expressão através da sua música fizeram Rihanna deixar de ser a garota tímida que havia sido. Quando ela começou a ser procurada pelos jornalistas, mostrava-se muito nervosa e sem saber o que dizer. O que se via era uma sombra da verdadeira Rihanna em cena, mas à medida que dava mais entrevistas ela foi aprendendo a relaxar e a aproveitá-las melhor. Logo, não se importava mais em parecer boba e brincalhona – e começou a se divertir muito mais.

Tanto Rihanna quanto Chris continuavam insistindo, nas entrevistas, que eram apenas bons amigos, mas quando Jordin Sparks falou à *Young Voices* em abril de 2008 ela revelou que os dois estavam namorando. Ela havia acabado de fazer uma parceria com Chris em sua música "No Air", e Rihanna o acompanhou no dia das filmagens do videoclipe. Quando perguntaram a Jordin: "Chris Brown e Rihanna estão juntos?" ela respondeu: "Estão, sim. Foi muito legal, porque eu entrei no *set* e lá estava ela ao lado do Chris Brown. Eu mal pude acreditar! Ela foi falar comigo para dizer que adorava 'No Air' e que essa música era uma das suas favoritas. Foi muito bacana ouvir isso de outra cantora. E ela estava ali para dar uma força a ele".

Também perguntaram a Jordin: "Você achou estranho filmar cenas de intimidade com Chris Brown sob o olhar da namorada dele?". Ela respondeu com uma risada e admitiu: "Foi difícil no começo, mas depois eu pensei: 'Quer saber? Trabalho é trabalho'. A ideia do clipe era passar a imagem de que eu estava apaixonada por ele, então era isso que eu tinha que fazer. E torcer para ela não querer me matar!".

"Shut Up And Drive" foi o segundo single a ser lançado do disco *Good Girl Gone Bad*. Ele saiu nos Estados Unidos em junho de 2007, mas os fãs europeus da cantora tiveram que esperar até agosto para ver o lançamento. De qualquer forma, a recepção não foi tão calorosa quanto a de "Umbrella", e a canção só ficou em 15º lugar nas paradas americanas. No exterior, o desempenho se mostrou um pouco melhor – o single chegou a ser número 4 na Austrália e na Hungria, número 5 no Reino Unido e Irlanda e número 6 no Canadá, Alemanha e Finlândia.

O clipe teve a direção de Anthony Mandler (que também dirigiu "Unfaithful" e "We Ride"), mas dessa vez as filmagens aconteceram num ferro-velho de Praga, na República Tcheca. Rihanna aparece no banco do motorista de uma Ferrari F430, embora na verdade ela não tenha carteira de habilitação. A ideia é mostrar a cantora e os amigos como mecânicos de automóveis que assistem a uma disputa entre dois carros antes que Rihanna comece uma performance com sua banda de rock.

Imagens de "Shut Up And Drive" foram usadas no anúncio de TV da nona temporada de *America's Next Top Model.*

Quando o clipe foi lançado, em 4 de junho de 2007, alguns blogueiros tentaram insinuar que Rihanna havia copiado a batida de "Blue Monday", do New Order, para fazer "Shut Up and Drive" sem admitir a apropriação – mas na verdade a música do grupo foi devidamente sampleada e creditada no disco.

A terceira música do álbum a ser lançada foi "Hate That I Love You", com a participação de Ne-Yo. Ela chegou ao mercado em 21 de agosto de 2007 e alcançou o posto de número 7 nas paradas dos Estados Unidos. No Reino Unido a faixa chegou apenas ao 15º lugar. O desempenho na Nova Zelândia foi um pouco melhor, com um número 6, e na Suécia, com um número 10, e a canção chegou a ficar no 11º lugar da parada de sucesso alemã.

Na Espanha, Rihanna lançou uma versão especial com David Bisbal cantando em espanhol – David é um cantor pop do país. Rihanna cantou em inglês, mas seus fãs espanhóis adoraram. Durante três semanas, a faixa ficou no número 3 entre as mais tocadas na Espanha. O lançamento de "Odio Que Te Amo" aconteceu em abril de 2008. Até hoje, quase quatro milhões de cópias foram vendidas no mundo todo, somente dessa versão.

Rihanna gosta da abordagem profunda da letra, e quando a leu pela primeira vez não parava de perguntar a Ne-Yo no que ele estava pensando ao compor cada verso. Ela o considera um compositor dos mais talentosos, e sempre se surpreende com as ideias que lhe ocorrem enquanto está trabalhando.

O videoclipe foi filmado em Los Angeles por Anthony Mandler, e ele usou a estratégia de captar imagens de Rihanna e Ne-Yo cantando separados, como se fossem namorados falando sobre a falta que sentem um do outro. Rihanna é mostrada num quarto de hotel, e Ne-Yo a caminho de lá. No instante em que ele está prestes a sair do elevador, Rihanna entra – durante um segundo, os dois sorriem um para o outro. Ele então segue seu caminho e ela continua dentro do elevador até chegar ao saguão. O detalhe que faz a diferença é que cada um está pensando em outra pessoa enquanto canta. No final do clipe, Rihanna aparece entrando no carro do seu amado e Ne-Yo beija a namorada no quarto do hotel.

"Don't Stop The Music" foi o quarto single lançado por Rihanna desse seu último álbum, e ele saiu em setembro de 2007. A canção mais uma vez sampleava o trabalho de outros artistas, agora "Wanna Be Startin' Somethin'", de Michael Jackson. Mas não se trata de nada muito profundo: a canção fala apenas sobre se divertir e dançar num clube noturno.

Tanto a crítica quanto o público adoraram a maneira como Rihanna usou pitadas de house e de techno nessa faixa, e ela chegou ao posto de número 1 entre as mais tocadas da Austrália, Bélgica, Áustria, Hungria, Espanha, Suíça, Holanda, Alemanha e França. A canção emplacou um terceiro lugar nos Estados Unidos e o quarto lugar na lista das mais tocadas no Reino Unido, e também teve um bom desempenho registrado em outros países.

"Don't Stop The Music" recebeu críticas elogiosas. Tom Breihan, da Pitchfork Media, declarou que a faixa era a melhor do disco em sua opinião: "...um exemplo poderoso de insanidade embalada em batida Euroclub; num dado momento, os *mamasay-mamasas* sampleados de "Wanna Be Startin' Somethin'" surgem e se fundem perfeitamente ao conjunto".

Nick Levine, do Digital Spy, concordou, dizendo aos seus leitores: "O quarto single do disco, 'Don't Stop The Music', é um exemplo de apropriação do estilo batidão feliz. A faixa, criada para lotar as pistas em torno de um trecho sampleado em *loop* dos 'mama-se, mama-sa, mama-ku-sa's tirados de 'Wanna Be Startin' Somethin', do Michael Jackson, dá à cantora a oportunidade imperdível de entoar a melodia de um jeito sexy enquanto ondula sedutoramente os quadris. A coisa funciona de maneira tão genial que o single se firma quase involuntariamente como a melhor canção a exibir o selo 'Jackson M.' de composição depois de 'Blood On The Dancefloor'".

O videoclipe teve a direção de Rihanna juntamente com TAJ Stansberry, e foi o seu primeiro trabalho como diretora. A ação se passa num clube noturno *underground* que só pode ser acessado através de uma loja de doces, e a maior parte das cenas traz imagens de Rihanna e dos frequentadores do lugar dançando. As filmagens aconteceram no dia seguinte ao da gravação do clipe "Shut Up And Drive", num clube noturno de Praga.

Ele foi indicado à categoria Melhor Gravação de Dança do Grammy entregue em fevereiro de 2008, mas o prêmio acabou nas mãos de Justin Timberlake por seu clipe "Love Stoned".

Como se já não estivesse ocupada o suficiente promovendo e gravando suas músicas, Rihanna ainda tomou a decisão de organizar mais uma turnê, dessa vez numa escala muito maior do que a anterior, "Rihanna: Live in Concert": ela faria 80 apresentações em 30 países do mundo inteiro. A abertura aconteceu em Vancouver, no Canadá, em 15 de setembro de 2007, e a turnê terminou no México, em 24 de janeiro de 2009.

O *set list* do show era formado basicamente por canções

do seu disco *Good Girl Gone Bad,* embora contivesse também músicas escolhidas dos dois álbuns anteriores. Para a maioria dos shows, a apresentação seguia esta ordem:

1. "Pon de Replay"
2. "Break It Off" (solo)
3. "Let Me"
4. "Rehab"
5. "Breakin' Dishes"
6. "Is This Love" (*cover* da canção de Bob Marley)
7. "Kisses Don't Lie"
8. "Scratch"
9. "S.O.S."
10. "Good Girl Gone Bad"
11. "Hate That I Love You" (solo)
12. "Unfaithful"
13. "Sell Me Candy"
14. "Don't Stop The Music"
15. "Shut Up and Drive"
16. "Umbrella"

Para os shows da Europa ela acrescentava "Push Up on Me" e "Question Existing" e às vezes deixava de fora o *cover* de "Is This Love" e também "Kisses Don't Lie" e "Sell Me Candy". Os *set lists* para os shows no México, na Ásia e na Oceania foram diferentes porque nesses locais Chris Brown ou Maria Jose subiam ao palco para se apresentar antes da cantora e algumas vezes ela dividia os vocais do remix de "Umbrella" com Chris durante o show. Ela apresentava também um *medley* com "Pon de Replay" junto com "Paper Planes" da M.I.A., "Doo Wop (That Thing)" de Lauryn Hill e "Live Your Life" (em apresentação solo).

Além da participação de Chris e Maria em alguns dos shows, Rihanna contou com a presença de Akon ou Kardinal Offishall nos palcos do Canadá, Adam Tensta na Europa e, para algumas apresentações no Reino Unido, David Jordan e Ciara. Kat DeLuna, DanceX e Ray Lavender marcaram presença em algumas apresentações também.

RiRi deve ter consumido litros de chá de hortelã durante essa turnê: sempre que tem um dia agitado e sabe que precisará se apresentar mais tarde, a cantora recorre ao chá de hortelã para acalmar as cordas vocais. Mas ela adora se apresentar diante dos seus fãs de qualquer maneira, e prefere isso a cantar nos grandes shows de entregas de prêmios.

Essa turnê foi temperada com toda a sensualidade de Rihanna: ela envergou alguns trajes de couro que na época houve quem tachasse de reveladores demais. A imagem da cantora estava completamente modificada depois da primeira turnê. Os críticos de maneira geral avaliaram bem o novo show, e Jason Macneil, do Canadian Online Explorer, escreveu a respeito da apresentação de Toronto: "A cantora impressionou a todos, abrindo os trabalhos com 'Pon de Replay' e envergando um conjunto sexy de couro com tachas bem no estilo dominatrix".

"Acompanhada por quatro dançarinas e uma banda composta por seis músicos, a estrela apresentou algumas sequências de passos coreografados, mas apoiou a apresentação basicamente com os grandes hits que são figurinha fácil na programação das rádios, tais como 'Let Me', do seu disco de estreia, *Music of the Sun,* de 2005, e 'Break It Off', de *A Girl Like Me,* de 2006. O ponto alto da noite foi a batida *dance* contagiante de 'Don't Stop The Music', brindada com a empolgação dos fãs presentes."

Para muitos críticos, o show não foi o melhor de suas vidas, mas para a primeira turnê mundial, de fato Rihanna se saiu muito bem. Cheryl Leong, da MTV, declarou: "Ela levantou a plateia do estádio para uma deliciosa sessão de 'bate-cabeça' e sacolejar de corpos. Depois dos animados hits das pistas de dança, Rihanna brindou os fãs com melodias mais lentas, como 'Hate That I Love You' e 'Unfaithful'".

"Eu me diverti bastante no show. Pode não ter sido o mais memorável da minha vida, mas a cantora apresentou aquilo que sabe fazer de melhor: desfiar 'ao vivo' a sua coleção completa de singles mais tocados."

Para os fãs impedidos de conferir as apresentações, Rihanna disponibilizou via internet a *performance* quando autorizou o MSN Music a postar a gravação do show de Montreal em seu site. Também foi produzido um DVD a partir da apresentação de Manchester, e o material acabou incluído na edição de luxo *Good Girl Gone Bad: Reloaded.*

Em abril de 2009, Rihanna partiria em mais uma turnê, dessa vez abrindo os shows de Kanye West em sua "Glow In The Dark Tour".

Quando estava na estrada havia algumas semanas com a sua turnê "The Good Girl Gone Bad", Rihanna foi flagrada num bate-papo com o ator Josh Hartnett na casa noturna The Pink Elephant, em Nova York. Logo começaram os boatos na imprensa a respeito de um envolvimento entre os dois. Não havia qualquer motivo para suspeitas, como Rihanna explicou em entrevista para a revista *Allure:* "O que aconteceu foi que ele e o meu empresário tinham os contatos um do outro, e no dia em que eu fui ao Pink Elephant cruzei com ele por lá. De repente, comecei a ler que nós dois estávamos aos beijos e abraços. Você não pode se divertir com um amigo famoso sem as pessoas começarem a falar. Bom, pelo menos ele é bonitão".

Rihanna andava tão ocupada com a turnê que não tinha tempo para namorar. Ela vivia embarcando e desembarcando de jatinhos, e manter um relacionamento amoroso não estava em sua lista de prioridades: sempre que tinha alguma folga só pensava em ficar deitada no sofá assistindo à TV, não em sair com alguém.

E com toda a certeza ela não estava precisando do estresse que os relacionamentos amorosos às vezes provocam. Em uma entrevista, ela falou de um antigo namorado à revista *Sugar:* "Há alguns anos eu tive um namorado muito inseguro. Ele vivia querendo terminar tudo, sem nenhum motivo – eu passava a noite chorando e ele achava que no dia seguinte nós voltaríamos às boas e pronto. Até que eu falei: 'Para mim chega disso', e parei de retornar suas ligações. Eu levei muitos anos para esquecer esse cara, mas é para isso que você recorre aos amigos".

Rihanna também tinha um conselho para dar às meninas com relação aos namoros: "Se o cara quer avançar depressa demais, isso é um sinal de que ele não está valorizando você. Alguns sujeitos já tentaram partir para amassos mais sérios quando nós nem nos conhecíamos direito. De jeito nenhum!".

AS CORTINAS SE FECHAM, ENFIM

Quando Ne-Yo compôs "Take a Bow", Rihanna ficou encantada e teve a certeza de que precisava ser a cantora a gravar a canção. Ela queria criar um hino para as mulheres e gostou da ideia de uma letra que apresentava o homem como o traidor e mostrava a mulher se mantendo firme mesmo assim. E Rihanna ainda tinha a própria experiência que a levava a se identificar com a letra: quando era adolescente, um garoto fizera o mesmo com ela.

"Take a Bow" foi o primeiro single a ser lançado do disco *Good Girl Gone Bad: Reloaded* (e foi também o quinto single do projeto *Good Girl Gone Bad* em geral). Depois de chegar ao mercado, no dia 15 de abril de 2008 nos Estados Unidos (e 12 de maio no Reino Unido), a canção pulou direto para o topo das paradas de sucesso em muitos países. Ela foi a número 1 nos Estados Unidos, Canadá, Irlanda, Dinamarca e Eslováquia, número 3 na Austrália e chegou ao 6º lugar na Áustria e na Alemanha.

O clipe foi filmado em Veneza, Itália, mais uma vez com a direção de Anthony Mandler. Mostra o ex-namorado de Rihanna tentando se desculpar pela traição na esperança de reatar o relacionamento. Ela não aceita o pedido de perdão porque não acredita que ele tenha se arrependido realmente da traição, mas que apenas lamenta ter sido flagrado por ela. Depois de ficar dentro de casa um tempo (com ele do lado de fora), a cantora decide sair de carro, mas depois volta e lhe diz para ir encontrá-la. Quando ele chega, ela ateia fogo a umas peças de roupa que lhe pertenciam (e que estão em cima da mesa) e vai embora sem olhar para trás.

A crítica adorou a faixa, e Chuck Taylor, da revista *Billboard,* escreveu em sua resenha: "Assinada pelos nomes estrelados da Stargate e por Ne-Yo, a balada suave envolve a plateia com acordes bem aplicados de piano e cordas, enquanto a voz instantaneamente reconhecível da cantora entrega os vocais num tom convincentemente perplexo, arrematando com uma risada de superioridade".

A música foi indicada para dois prêmios no MTV Video Music Awards de 2008, nas categorias de Melhor Clipe Feminino e Melhor Direção. Infelizmente, não ficou com nenhum dos prêmios – o Melhor Clipe Feminino foi para "Piece Of Me", de Britney Spears, e a Melhor Direção foi para "Honey", de Erykah Badu.

Rihanna fez uma parceria com Maroon 5 na faixa "If I Never See Your Face Again", que foi incluída no *Good Girl Gone Bad: Reloaded*. O grupo já havia gravado uma versão própria da canção, que aparece em seu disco de 2007 *It Won't Be Soon Before Long*, mas eles quiseram experimentar algo diferente ao cantar com Rihanna. Acabaram gostando tanto do resultado, aliás, que o lançaram como single em vez da versão original gravada antes, e também incluíram a faixa na edição de relançamento de seu disco.

A canção chegou ao mercado americano em 26 de maio de 2008 e um mês depois teve o seu lançamento no Reino Unido. Ela ficou em 57º lugar nas paradas musicais dos Estados Unidos e chegou ao 28º lugar no Reino Unido. Mundialmente, os países em que fez maior sucesso foram a Austrália e a Holanda, ficando em 11º lugar em ambos.

A versão de Rihanna para "If I Never See Your Face Again" é cantada na forma de um duelo entre um homem e uma mulher. Ela estava ansiosa para fazer a gravação porque os integrantes da banda eram seus amigos, e Rihanna tinha seu trabalho em alta conta e gostava da canção. Ela declarou à IGN: "Eu sempre fui fã do Maroon 5. Adoro a energia da música e acho a letra irada, estou louca para gravá-la".

"[Filmar o videoclipe] foi divertido, mas tivemos dificuldade para levar a sério as cenas de sedução porque Adam e eu somos amigos. A gente caía na risada o tempo todo – e essa foi a melhor parte."

O clipe teve a direção de Anthony Mandler e as filmagens aconteceram em Castaic, Los Angeles. Não houve cenas ao ar livre, e a intenção era criar um clima *glam* dos anos 80. Rihanna e Adam Levine flertam ao longo da música toda, no sofá, numa cama e em volta da mesa, mas no final ele agarra a cantora pelos cabelos.

Tanto os fãs de Rihanna quanto do Maroon 5 adoraram o resultado. O clipe foi indicado para o Grammy de Melhor Parceria Pop, mas acabou perdendo para Robert Plant e Allison Krauss em "Rich Woman".

"Disturbia" foi o terceiro single que Rihanna lançou do disco *Good Girl Gone Bad: Reloaded,* e saiu em julho de 2008. A música era uma composição de Chris Brown, Andre Merritt, Brian Kennedy e Robert Allen, e foi escrita originalmente para uma voz masculina. Rihanna estava no estúdio ao lado quando o grupo estava trabalhando na canção, e desde que a ouviu pela primeira vez disse a eles que queria gravá-la. Eles jamais poderiam imaginar que Rihanna se interessaria por uma faixa tão calcada no som dos sintetizadores - se a cantora não tivesse ouvido por acaso a canção, provavelmente nunca teria tido a chance de gravá-la.

A música ficou no 1º lugar das paradas dos Estados Unidos, Bélgica e Nova Zelândia, chegou ao número 2 no Canadá e Finlândia e ao número 3 no Reino Unido, Noruega e França. Muitos críticos consideraram "Disturbia" a melhor canção lançada por Rihanna até o momento, e ela se tornou a primeira de suas faixas a lhe render um disco triplo de platina.

A letra fala de medo, e Rihanna e o diretor Anthony Mandler decidiram ambientar o clipe numa câmara de tortura. Os dois dividiram a direção das filmagens, e a cantora usou lentes de contato brancas para cobrir as íris e pupilas em algumas cenas. Ela aparece fazendo carinho em um manequim, com tarântulas pelo corpo todo e até amarrada e acorrentada!

Mais uma vez, Rihanna recebeu uma indicação ao Grammy, mas no final o prêmio de Melhor Gravação Dance acabou sendo levado pela faixa "Harder, Better, Faster, Stronger", do Daft Punk. Rihanna ganhou o prêmio de Melhor Canção Internacional no NRJ Music Awards na França, mas o grupo Pussycat Dolls, encarregado de anunciar a categoria, se enganou e declarou ao microfone que a premiada havia sido Katy Perry com "I Kissed A Girl". Com "Disturbia" tocando ao fundo, a pobre Katy Perry subiu ao palco e fez um discurso de agradecimento... só para descobrir mais tarde que a verdadeira premiada havia sido Rihanna!

CONTABILIZANDO OS CUSTOS

Rihanna podia já ter vendido milhões de discos, mas a essa altura de sua carreira ela não podia de maneira nenhuma ser considerada uma milionária. Como muitos cantores na mesma posição, ela delegava a organização de sua vida financeira a outras pessoas e preferia, em vez disso, se concentrar em produzir grandes discos. De acordo com o site Blackarazzi.com, a cantora demitiu sua gerente de negócios, Patricia Williams, sob acusações de roubo depois que descobriu o pouco dinheiro que efetivamente tinha no banco.

O Blackarazzi.com segue com a história declarando que Patricia Williams quis colocar a questão em pratos limpos. Ela afirmou: "Não é minha culpa se ela só tem US$ 20 mil em seu nome. Eu trabalhei para muitos atores de renome, músicos e empresas multimilionárias. Por que iria roubar logo de Rihanna?".

"Eu mostrei toda a papelada a ela e tentei lhe explicar a situação, mas ela não me deu ouvidos. Ela me chamou de nomes horríveis e teve um ataque. Agora o que eu quero é revelar ao mundo a história dos bastidores dessa situação, porque não vou permitir que meu nome seja difamado."

"A Def Jam não destina os fundos que deveria para Rihanna, então o Marc [empresário da cantora] usa o dinheiro que ela ganha de contratos publicitários e turnês para financiar os discos e videoclipes."

"Eu não quero com isso questionar a reputação de Marc.

Ele é um excelente empresário e acredita realmente no talento de Rihanna, mas acaba usando o dinheiro dela para financiar projetos futuros na crença de que a fará estourar no mercado internacional em breve. O que acontece é que a receita das vendas dos discos não chega perto do que é arrecadado com os singles, e Marc sabe que, se ficar conhecida só como "artista de singles", Rihanna nunca vai se consolidar de verdade. Infelizmente, ele não informou isso à sua cliente e a história toda acabou respingando em mim."

Não houve nenhum pronunciamento oficial da parte do empresário da cantora em resposta ao artigo ou às alegações sobre o motivo de a conta bancária da pequena RiRi estar na situação em que estava.

Rihanna fez uma parceria com o rapper T. I. na canção dele "Live Your Life", lançada em setembro de 2008 nos Estados Unidos e em novembro do mesmo ano no Reino Unido. A gravação vazou na internet um pouco antes do lançamento oficial. A música traz trechos sampleados de "Dragostea din tei", da banda O-Zone.

Rihanna e T. I. se apresentaram juntos pela primeira vez em 7 de setembro de 2008, na cerimônia do MTV Video Music Awards. A música ficou em 1º lugar nos Estados Unidos, marcando o seu quinto número 1 no país e o terceiro de T. I.; ela também liderou as paradas musicais da Nova Zelândia, foi número 2 no Reino Unido, número 3 na Austrália e Irlanda, número 4 no Canadá e número 5 na Áustria e na Holanda.

O clipe, dirigido por Anthony Mandler, mostra uma história de trás para a frente. A ação começa com T. I. espancado e ensanguentado às 6h33 da tarde e volta até as 4h41 da tarde para mostrar o que aconteceu a ele. Rihanna interpreta uma cantora, e o produtor da faixa, conhecido como "Just Blaze", faz uma ponta no papel de um jogador de sinuca.

A dupla levou um Prêmio BET de "escolha do público" e T. I. também venceu na categoria Melhor Clipe Masculino do MTV Video Music Awards. No BET Hip Hop Awards, o single levou dois prêmios: Melhor Parceria de Hip Hop e Melhor Clipe de Hip Hop.

Quando Rihanna foi convidada por L. A. Reid para participar das gravações de "Just Stand Up", ela não pôde recusar. Ela sentiu que não poderia ficar de fora

da iniciativa, criada para levantar fundos para o projeto beneficente "Stand Up To Cancer", e cantou ao lado de Beyoncé, Carrie Underwood, Sheryl Crow, Fergie, Leona Lewis, Keyshia Cole, Miley Cyrus, LeAnn Rimes, Natasha Bedingfield, Melissa Etheridge, Mary J. Blige, Ciara, Mariah Carey e Ashanti. Rihanna adora se dedicar a causas sociais e sempre ajuda, da maneira que pode.

O single foi lançado em 21 de agosto de 2008, e o grupo de artistas também se apresentou em um show do "Stand Up To Cancer" que foi transmitido em 5 de setembro em rede nacional nos Estados Unidos. Para a apresentação ao vivo, Nicole Scherzinger se uniu ao time para cantar a parte de Sheryl Crow e outras cantoras substituíram LeAnn Rimes e Melissa Etheridge, que também não puderam estar presentes. A canção não chegou a ter um videoclipe gravado, mas alcançou boas colocações nas paradas de sucesso – chegou ao número 11 nos Estados Unidos, número 1 no Reino Unido e foi a número 10 entre as mais tocadas do Canadá.

Em 6 de outubro de 2008, Rihanna fez o lançamento do seu último single do disco *Good Girl Gone Bad*. "Rehab" saiu no Reino Unido dois meses mais tarde. Tendo ficado apenas com o 18º lugar nos Estados Unidos e 16º no Reino Unido, a canção teve um desempenho melhor em outros países: ela chegou a ser a 3ª mais tocada na Holanda, a 4ª na Alemanha e na Noruega e a 6ª na Bélgica.

Justin Timberlake e Timbaland haviam composto a música para Rihanna no ano de 2007. Timbaland se encarregou também da produção, junto com Hannon Lane, e Justin Timberlake aparece no clipe como o alvo do interesse amoroso da cantora. A faixa é uma das favoritas de Rihanna no disco *Good Girl Gone Bad*.

A artista explicou para o EW.com como a canção foi criada: "Bem, Timbaland estava em turnê com o Justin e nós tivemos que ficar indo atrás dele. Então, a primeira parada foi em Chicago e numa noite depois do show o Justin entrou no estúdio e começou a criar uma batida. E ela ficou legal. Nós acabamos entrando na brincadeira. Quando voltamos a Nova York, Justin voltou ao estúdio dizendo: "Eu quero compor essa para a Rihanna". O Timbaland então teve uma ideia para ela, e já sabia que queria chamar a canção de 'Rehab' e usar a batida de antes. E pôs para o Justin Timberlake ouvir. Ele escreveu a música toda na cabeça, não tinha nada no papel. Quando entrou para cantar, eu fiquei muito impressionada. Nós todos adoramos".

Ela segue descrevendo a canção: "'Rehab' é uma letra que trabalha com metáforas. Na verdade, o termo quer dizer 'a gente tem que superar o fim de um namoro'. Quando a gente fala em entrar para o *rehab,* na verdade quer dizer esquecer o cara. Nós comparamos o sujeito a uma doença ou um vício. Nós dizemos: 'Nós não queremos mais saber de fumar cigarros', para mostrar que não queremos mais lidar com isso (com essa porcaria)".

Eles filmaram o videoclipe no Parque Vasquez Rocks Nature Area, na Califórnia, e foi mais um que teve a direção de Anthony Mandler. Algumas fotos das filmagens acabaram vazando e houve sites sugerindo que a namorada de Timberlake na época (Jessica Biel) teria ficado com ciúmes da química entre Justin e Rihanna durante o trabalho.

No clipe, Rihanna está com um carro antigo no meio do deserto. Justin chega de motocicleta e toma uma chuveirada antes de se aproximar da cantora. Os dois aparecem juntos em algumas cenas, e Rihanna enverga figurinos deslumbrantes enquanto canta que o cara é como um vício para ela. O videoclipe foi um sucesso; conquistou o prêmio de Melhor Clipe do Urban Music Awards, enquanto Rihanna foi premiada como Melhor Artista Feminina.

Em sua resenha para o Digital Spy, o jornalista David Balls comenta: "A dupla pop aparece num clima tão carregado de sensualidade que não é de admirar que a namorada de Justin não tenha se mostrado nada satisfeita".

Carol Han, do site de moda StyleCaster, disse: "O novo clipe de Rihanna para a música 'Rehab' saiu hoje e me deixou literalmente sem fôlego. O único elemento que conseguiu me hipnotizar mais do que as cenas de Justin Timberlake de cara suja e morto de calor saindo encharcado de baixo daquele chuveiro foi a visão do maravilhoso duas-peças verde que Rihanna aparece usando".

2009: A AGRESSÃO

Nas primeiras horas do dia 8 de fevereiro de 2009, a vida de Rihanna mudou para sempre. Ela havia ido a uma festa pré-Grammy, organizada pelo diretor executivo da Sony Music Clive Davis, e estava a caminho de casa na companhia de Chris Brown. De acordo com os autos judiciais produzidos meses mais tarde, os dois começaram a discutir na área próxima ao Hancock Park, em Los Angeles.

Rihanna flagrou uma mensagem de texto de outra mulher no telefone de Chris e a briga começou por causa disso. Chris tentou expulsar Rihanna do Lamborghini em que estavam e lhe deu vários socos no rosto.

Horas mais tarde, o cantor foi até a Delegacia de Polícia de Wilshire e se entregou. Ambos cancelaram as apresentações que fariam na entrega do Grammy na mesma noite e foram substituídos na cerimônia por Nicole Kidman e o marido, Keith Urban, e o cantor de *soul* Al Green.

Chris mais tarde publicaria um vídeo em seu site se desculpando pelo acontecido, e pediu muitas vezes perdão a Rihanna em particular. Falando em nome do cantor, o seu relações-públicas declarou: "Palavras não podem sequer começar a expressar o meu remorso e tristeza pelo que ocorreu. Eu tenho buscado o aconselhamento do meu pastor espiritual, da minha mãe e de outras pessoas queridas e estou determinado, com a ajuda de Deus, a sair desse processo todo como uma pessoa melhor".

"Muito do que tem sido informado ou especulado nos blogs ou publicado pela mídia é falso."

A fé ajudou Rihanna a atravessar o momento difícil, e há muita gente que não se dá conta de que ela não perdeu apenas o namorado naquela noite: perdeu também o seu melhor amigo. A cantora refugiou-se em Barbados logo depois da agressão, mas depois de três semanas reatou temporariamente com Chris antes de tomar a decisão de romper definitivamente o relacionamento. Ao longo desse tempo, a família ficou muito preocupada, e a mãe de Rihanna disse à revista *Star:* "Eu estou arrasada, mas o que posso fazer? Rihanna é senhora de si e uma pessoa muito, mas muito independente. Nós a amamos, mas não vamos suportar vê-la brincando de roleta-russa com a própria vida. Chris exerce um poder bizarro sobre ela. Rihanna ainda o ama e ele sabe disso. Ela o vê como um deus. Mesmo depois desse tempo todo, mesmo depois do que ele fez, a admiração não diminuiu".

Monica sabe melhor do que ninguém o que é estar apaixonada e presa a um relacionamento abusivo com um homem que recorre à violência física. Afinal, foi necessária uma grande dose de coragem da sua parte para encerrar seu próprio casamento e criar sozinha os três filhos que teve com o marido.

O pai de Rihanna também deu declarações à imprensa na época, e revelou à revista *People* quão chocado e surpreso ficou ao receber a notícia da agressão. Ele também afirmou que a filha estava ferida, mas que melhoraria com o tempo, e que se estivesse no lugar dela tomaria a decisão de encerrar o namoro.

Mesmo anos depois da noite fatídica, Rihanna ainda não conseguiu esquecer o que se passou. Ela hoje afirma que gostaria de ter tido forças na época para sair do relacionamento sem olhar para trás, mas o fato é que chegou a voltar a ficar junto com Chris por um tempo. Ela revelou à *GQ:* "Foi uma situação na qual eu sempre havia jurado para mim mesma que nunca me meteria. Era algo que se estivesse acontecendo com uma amiga eu a obrigaria a dar um basta. Mas ali estava eu, sem fazer nada".

"Eu vi minha mãe ser agredida fisicamente e sempre

afirmei que nunca deixaria isso acontecer comigo, até que me vi envolvida na mesma situação. Agora, quando vejo tudo em retrospecto, eu fico intrigada, sem saber por que não conseguia enxergar os fatos."

No princípio ela não queria falar publicamente sobre o acontecido, mas assim que a história caiu na imprensa eles não desgrudaram dela até apurar cada detalhe. Rihanna teria feito qualquer coisa para impedir que a notícia da agressão vazasse, mas depois não lhe restou alternativa senão se posicionar a respeito. Ela declarou à revista: "Antes do ocorrido, eu era só uma garota da ilha que cantava música pop. Era fácil para as pessoas pensarem que eu era fútil e tinha tudo o que queria. A impressão é de que não havia problemas no meu caminho. E de repente, bum! Todo mundo vê que eu tenho meus problemas".

"Eu sou muito orgulhosa. Prefiro vestir uma máscara e não deixar que ninguém me veja chorar. Eu nunca vou assumir aquela postura de 'por favor, chorem por mim porque eu estava numa relação ruim'. Detesto que vocês tenham ficado sabendo disso e não quero ser lembrada por esse episódio."

Alguns meses depois da briga o caso foi levado a julgamento, e Chris acabou condenado a cinco anos sob liberdade condicional e 180 dias de serviços comunitários depois de se declarar culpado do crime de agressão. Enquanto comunicava a sentença, a juíza lhe disse: "Eu não sou imune ao que é transmitido por aí". A imprensa especulou que poderia se tratar de uma insinuação de que ela estava sabendo que Rihanna e Chris continuavam mantendo contato, ou de um alerta mais geral de que estava atenta às notícias veiculadas pela televisão e pelo rádio.

Chris foi designado para cumprir sua pena de serviços comunitários na instituição beneficente Commonwealth Catholic Charities, em Richmond, Virgínia, e também precisou se inscrever num curso de 52 semanas de aconselhamento sobre questões ligadas a violência. O tribunal determinou que ele deveria manter uma distância mínima de 100 metros da cantora – a menos que os dois estivessem participando do mesmo evento ligado à indústria do entretenimento, ocasiões em que a distância mínima deveria ser de 10 metros. A medida cautelar teria validade de cinco anos.

Em novembro de 2009, Rihanna começou a falar mais abertamente a respeito do que havia passado. Ela declarou a Diane Sawyer, no programa de TV *Good Morning America:* "Isso aconteceu comigo, poderia ter acontecido a qualquer pessoa". Nos dias tristes que se seguiram à agressão, a cantora buscou conforto na presença de Deus, que esteve o tempo todo a seu lado, segundo suas próprias palavras. Ela tinha momentos de solidão extrema, por ser a única pessoa a realmente saber o que se passara dentro do carro na tal noite. A mãe e os amigos ajudavam o quanto podiam, mas foi um período difícil, porque Rihanna continuava amando Chris, apesar do que ele lhe fizera.

A cantora revelou que uma noite tomou a decisão de sair de casa, depois de um mês inteiro recolhida. Ela foi até um clube noturno para dançar – e começou a se sentir viva outra vez, depois de ter passado um mês isolada do mundo.

Rihanna também deu declarações admitindo o grande erro que foi a volta para Chris depois do incidente e declarou que hoje considera humilhante pensar que tomou essa decisão. Ela afirmou: "Eu fiquei. Eu cheguei até mesmo a voltar para ele depois de ter sido espancada, o que foi um erro, mas no fim das contas sou humana, e as pessoas me colocam num pedestal fora da realidade. Depositam expectativas demais em mim, e eu não sou perfeita". A cantora admitiu também que Chris Brown havia mordido seus dedos e sua orelha durante o ataque e que havia imobilizado sua cabeça à força.

Num primeiro momento, ela se sentiu mal vendo as reações de ódio contra Chris depois que a notícia da agressão foi divulgada – até os próprios fãs se voltaram contra o cantor, e ninguém mais queria ter a imagem associada à dele. Rihanna o amava tanto que teve o impulso de protegê-lo, e essa foi uma das razões que a fizeram reatar o relacionamento. Quando foi para Miami ficar ao lado dele, ela deve ter pensado que seria possível fazer as coisas voltarem ao normal. O casal ficou hospedado na casa de P. Diddy, na Star Island, uma ilha artificial exclusiva com 35 residências (Will Smith, Madonna e Sylvester Stallone têm propriedades no lugar). A ideia era que desfrutassem de um pouco de privacidade, mas os *paparazzi* não estavam dispostos a deixar o casal em paz. Chris foi fotografado num passeio de *jet ski* com amigos, mas Rihanna passou quase o tempo todo recolhida e não foram feitas fotos do casal junto.

Depois que eles decidiram dar mais uma chance ao namoro, o amor de Rihanna por Chris logo se transformou em mágoa. Tudo nele começou a irritá-la, apesar de a cantora fazer parecer que as coisas estavam bem. Chris notou a mudança no comportamento da namorada. Ele passou a lhe perguntar insistentemente se ela o odiava, mas a resposta era sempre "não". Por fim, Rihanna tomou a decisão de encerrar de vez o namoro: os ferimentos físicos haviam sido curados, mas a cantora continuava emocionalmente ferida.

Quando assistiu ao vídeo com o pedido de perdão que Chris postou no YouTube, a cantora teve a sensação de que o ex-namorado estava lendo um texto ensaiado, como explicou em entrevista à ABC News: "Eu sei que ele estava se sentindo mal com o ocorrido – só não tenho certeza se compreendia a extensão do que havia feito. Quando um homem bate numa mulher, ele não tem essa noção – o braço quebrado, o olho roxo, tudo isso acaba sarando. Isso não é o problema. A questão é a cicatriz que fica por dentro. Você tem *flashbacks*, fica lembrando da cena o tempo todo. Ela volta à cabeça, você querendo ou não, e é dolorido. E eu acho que ele não entende isso – eles nunca entendem, não têm como entender".

Outra preocupação de Rihanna era que, se ela ficasse com Chris, outras garotas que tivessem parceiros praticantes de violência física poderiam seguir seu exemplo e acabar sendo mortas por eles. E ela não podia compactuar com isso: precisava se tornar um modelo de comportamento positivo para essas garotas e sair da relação. Chris talvez nunca mais voltasse a encostar um dedo nela, mas a cantora tinha medo de que os namorados das outras garotas pudessem acabar machucando-as.

Quando o site TMZ publicou uma foto de Rihanna que havia vazado duas semanas depois do incidente e que mostrava todos os ferimentos em seu rosto, ela ficou muito chateada. A cantora declarou à revista *Glamour:* "Foi uma humilhação. Não é o tipo de foto que você mostraria a alguém. Eu me senti completamente explorada. Tive a sensação de que as pessoas estavam transformando o assunto em motivo de diversão na internet, e é a minha vida. Fiquei muito desapontada, principalmente quando descobri que a foto foi [supostamente fornecida por] duas mulheres".

Sob muitos aspectos ela sentia que sua vida havia virado de cabeça para baixo de repente, e também revelou à *Glamour:* "Foi como se eu tivesse ido dormir como Rihanna e acordado na pele da Britney Spears". Apesar de tudo, a cantora ficou feliz por ter tomado a decisão de dar a entrevista a Diane Sawyer para o programa *Good Morning America,* por causa do efeito que teve sobre ela mesma e também pela mensagem que mandou às outras jovens. Ela disse à MTV: "Foi um peso enorme que saiu do meu peito. Quem assistir à entrevista vai perceber que era um assunto no qual eu não tocava nos oito meses que passei decidida a não falar dele, e foi realmente a primeira vez em que eu me abri. Eu estava com muita tensão acumulada. Então, quando finalmente consegui falar a respeito, a sensação foi boa. E, mais importante, foi bom ver que as pessoas tiraram algo de positivo da entrevista, porque é um processo arrasador. Não é um tema divertido de abordar ou ouvir falar, mas existem muitas mulheres que estão passando pela mesma situação, muitas adolescentes que têm medo de falar disso, então eu fiquei feliz de poder ser uma voz para essas pessoas e ajudá-las a sair do que estão vivendo".

Em outra entrevista, Rihanna admitiu que Chris nunca havia batido nela antes, mas que já dera sinais de ter uma personalidade controladora. Ela sentia que ele era muito inseguro em algumas ocasiões, e revelou à revista *W:* "Quando as pessoas são inseguras elas desenvolvem uma personalidade muito controladora, podem se tornar agressivas e apelar para a violência. E não precisa ser a violência física. Elas podem, por exemplo, dizer coisas agressivas que façam você se sentir menor, só para terem o controle do relacionamento. E isso vai minando as suas emoções e a sua vida no dia a dia. Vai modificando você".

Desde o incidente, os entrevistadores passaram a fazer

perguntas a respeito dele o tempo todo, e até hoje Rihanna continua sendo importunada. A cantora preferiria falar sobre as suas músicas novas e o trabalho que tem feito em vez de ter que voltar ao passado. Ela quer ser famosa pela música que faz, não por ser a garota que foi agredida - e, acima de tudo, não quer ter que falar sobre Chris, o que é perfeitamente compreensível.

Da mesma maneira que o conforto buscado em Deus e no apoio dos amigos e familiares, a música também teve um papel importante na recuperação de Rihanna. Ela revelou à jornalista Courtney Hazlett: "Eu posso lhe dizer que ter feito esse disco [*Rated R*] foi a minha recuperação. Foi a minha válvula de escape e a minha via de expressão".

"No instante em que eu decidi sair de casa novamente, telefonei para [o presidente da Roc Nation] Jay Brown e falei que queria fazer música, que queria voltar para o estúdio - e foi exatamente isso que fizemos. Nós começamos a reunir músicas e melodias, a contatar os produtores, a pensar em com quem gostaríamos de fazer parcerias para o trabalho novo."

NAMORANDO OUTRA VEZ

Rihanna não é de frequentar as grandes estreias do cinema e, portanto, quando ela apareceu no tapete vermelho para a *première* de *Bastardos Inglórios* em Londres, no mês de julho de 2009, a imprensa logo começou a querer saber por quê. Os repórteres apuraram que ela estava ali acompanhando Mr. Hudson, nove anos mais velho, cantor de R&B do selo G.O.O.D. (de "Getting Out Our Dreams" ou "Materializando Nossos Sonhos"), pertencente a Kanye West. Os dois estavam juntos naquela noite, e, embora não tenham posado juntos no tapete vermelho, o cantor sem dúvida compareceu ao evento como o "mais um" de Rihanna.

O *Mirror* informou que a cantora conheceu Mr. Hudson (cujo nome verdadeiro é Ben Hudson) quando ele estava nos Estados Unidos para gravar um novo trabalho, e que depois os dois mantiveram contato antes de combinarem o encontro. A fonte do jornal declarou que Rihanna e Mr. Hudson vinham se encontrando secretamente, e que assim que entraram na sala de cinema no dia da *première* "não desgrudaram mais".

Depois, consta que estiveram no elegante restaurante Cipriani, em Mayfair, para jantar, e que em seguida seguiram para a festa pós-estreia oferecida no clube fechado Shoreditch House.

Ao ser entrevistado pela rádio 1Xtra, do grupo BBC, na semana seguinte, Mr. Hudson declarou: "Nós só fomos ao cinema. Ela trabalha muito, merece relaxar um pouco no final do dia". O repórter lhe perguntou: "Temos um início de relacionamento aí?", ao que o cantor replicou: "Sem comentários. Eu não falo sobre esse assunto. Sou do tipo antiquado, fazer o quê?".

Ele chegou a ser inquirido a respeito do encontro até pelo *New York Daily News*. Sua declaração foi: "Nós fomos ao cinema. Ela é solteira. Eu sou solteiro. Eu poderia chamar uma garota para fazer alguma coisa no fim de semana e no último instante ter que lhe dizer: 'Lil Wayne me chamou para tocar trombone na faixa nova que está gravando, e eu terei que fazer isso'".

Mas a imprensa estava ávida por histórias da vida amorosa de Rihanna e não a deixava em paz. Bastava que ela fosse vista conversando com um rapaz para começarem os boatos sobre um namoro. Na semana anterior à sessão de estreia de *Bastardos Inglórios,* haviam circulado notas informando que ela estaria saindo com o rapper e produtor Pharrell Williams! A mídia começou a dizer que Rihanna estaria telefonando com frequência para ele, indo aos seus shows e dando um jeito de encontrá-lo sempre que os dois estavam em Londres.

A imprensa também começou a especular sobre a ligação da cantora com um homem de Barbados que ela namorara na adolescência, depois que os dois foram vistos juntos na praia numa de suas viagens para rever a família. Negus Sealy é três anos mais velho que RiRi, e nas fotos da praia ele aparece segurando-a pelos pulsos e carregando-a nas costas. Seu suposto apelido na ilha é "Love God", ("Deus do Amor"), e a imprensa publicou insinuações de que o namoro estaria sendo reatado. Nada mais distante da verdade: hoje em dia, RiRi e Negus são apenas bons amigos.

UM CASO DE AMOR ARRISCADO

O **primeiro** lançamento de Rihanna no ano de 2009, e também o seu primeiro trabalho a sair depois do episódio de agressão, foi "Run This Town", uma parceria com Jay-Z e Kanye West. A faixa foi incluída no disco de Jay-Z *The Blueprint 3* e foi lançada no mercado americano no dia 11 de agosto (e em 31 de agosto no Reino Unido). Ela chegou a ocupar o 2º lugar entre as mais tocadas nos Estados Unidos e foi a número 1 no Reino Unido.

Rihanna, Jay-Z e Kanye West foram premiados com dois Grammys, nas categorias Melhor Parceria de Rap e Melhor Música de Rap, e levaram um Prêmio da Escolha Popular como "Parceria Musical Favorita". A repercussão da crítica foi irregular: houve resenhas muito positivas, outras muito negativas e outras mais neutras. Uma das mais elogiosas saiu pela Pitchfork Media, que declarou: "Há diversão para todos: a voz de Jay-Z transmite um empenho raro desde a sua volta, Rihanna arrulha todos os "eh-ehs" que as rádios adoram, e Kanye West, como alguns já devem ter lido, mais uma vez rouba a cena do sujeito que ele está produzindo. Se os vocais de Rihanna não são 'auto tunados', certamente há um piloto automático ali".

A canção traz trechos sampleados de "Someday in Athens", do grupo dos anos 70 The 4 Levels of Existence. Jay-Z explicou a ideia ao DJ Time Westwood dizendo simplesmente: "Nós basicamente dominamos esta cidade: somos eu, Rihanna e Kanye. É isso aí".

O trio filmou o videoclipe no parque Fort Totten, em Nova York. A direção foi de Anthony Mandler, e as cenas mostram um monte de figurantes munidos de tochas acesas e barras de metal, com lenços cobrindo a boca e ouvindo as instruções dos seus líderes. Há imagens de explosões, e num determinado trecho Jay-Z aparece cantando num templo, vigiado por membros da multidão. O clipe termina com os três dentro de uma câmara subterrânea.

Anthony Mandler explicou à MTV como eles chegaram à forma final do clipe: “Há um clima que já permeia a música, uma coisa miliciana, de protesto, uma energia turbulenta, e eu quis explorar isso. Mostrei [ao Jay-Z] imagens de referência de zonas de protesto clássicas ao redor do mundo. Nós americanos vivemos numa sociedade muito ordeira, mas quando você vai para o Brasil, para o Oriente Médio, para a África, para a Europa Oriental e lugares assim, há um clima diferente de ‘nós dominamos esta cidade’ [no ar]. Você vê menos ordem e mais caos. Nós mergulhamos nessas referências, em fotos recentes e fotos históricas, para conseguir captar esse clima de desagregação”.

E acrescentou: “Nós queríamos provocar uma reação de desconforto, queríamos que as imagens passassem uma tensão constante. Até na forma como eu filmei – com a câmera passando pelo Jay sem se deter nele e indo para a Rihanna – há esse clima de caos, de revelar e encobrir e esconder. Coisas estão acontecendo fora do quadro, em lugares que você não vê”.

COISAS SIMPLES

Rihanna leva uma vida tão atribulada que simplesmente não consegue fazer algumas coisas que de tão comuns passam despercebidas para a maioria de nós. Quando tem vontade de assistir a um novo filme que entrou em cartaz, a cantora geralmente precisa esperar até que saia o lançamento em DVD – porque tem pouco tempo livre e também porque se fosse a um cinema comum seria assediada pelos fãs; e, como também não é fã das grandes estreias de gala, ela não iria a uma apenas para assistir ao filme sem ser incomodada.

Rihanna adora *Se Beber, Não Case* e não se cansa de assistir a esse filme. Ele é a sua escolha para ver com amigos ou sozinha, sempre com muito sorvete ou pacotes e mais pacotes de Cheetos.

O programa de TV que mais prende a sua atenção é *The First 48,* uma série de documentários sobre homicídios que mostra como os investigadores conduzem os casos de assassinatos, coletando as provas, entrevistando as pessoas envolvidas e usando métodos de alta tecnologia em seu trabalho. A abertura da série traz o texto: "Para investigadores de homicídios, o cronômetro começa a girar no instante em que eles recebem um chamado. A chance de solucionar um caso cai pela metade se eles não conseguirem uma pista nas primeiras quarenta e oito horas".

Rihanna considera a série muito interessante e assiste a verdadeiras maratonas de episódios sempre que pode.

Para a cantora, é raro poder assistir a algum programa em seu horário de exibição na TV, pois quase sempre coincide com algum de seus shows ou participação em eventos; a solução é gravar ou comprar a série em DVD mais tarde.

A ESPERA ACABOU

Em outubro de 2009, os fãs de Rihanna foram brindados com um vídeo misterioso de menos de um minuto no qual ela cantava que "a espera acabou". A peça foi postada em seu site oficial, e os fãs foram apresentados a um lado mais *dark* que desconheciam na cantora. A data "23 Nov 09" aparecia na tela, e Rihanna postou em seu Twitter: "A Espera Acabou. 23 Nov 09", junto com um "R" metálico, mas ninguém sabia exatamente o significado da mensagem. A MTV tentou descobrir o que aconteceria no dia 23 de novembro, mas os porta-vozes de Rihanna se recusavam a dar qualquer informação. Por fim, passaram a supor que deveria ser a data de lançamento de um novo disco. E haviam acertado: *Rated R* foi lançado nos Estados Unidos justamente no dia 23 de novembro, embora a data de lançamento tenha sido alguns dias antes na Austrália, na Alemanha e na Polônia.

Para produzir *Rated R,* Rihanna trabalhou com Simon Henwood, artista, autor e diretor. Henwood recebeu a missão de reinventar a estrela, ajudando a criar o logotipo do disco, a ambientação dos videoclipes e assegurando que a imagem projetada por Rihanna estivesse em sintonia com o que havia sido planejado. Simon fora o diretor de criação responsável pela turnê "Glow In The Dark", de Kanye West, e trabalhou na direção do clipe "Love Lockdown" do artista, que recebeu três indicações para o MTV Video Music Awards. Simon Henwood fora apresentado a Rihanna durante a turnê de Kanye, e cerca de um ano mais tarde eles começaram a trocar ideias para a produção de *Rated R* numa ocasião em que a cantora esteve em Londres.

Foi um trabalho de equipe entre os dois, que contribuíram igualmente com ideias para o novo visual a adotar. Eles contaram também com a colaboração de estilistas, e chegaram a comparecer à Paris Fashion Week em busca de inspiração. Rihanna se mostrou aberta às ideias de Henwood, mas quando não gostava de alguma coisa ela fazia questão de dizer isso a ele.

O artista foi um dos principais nomes a contribuir para a produção do livro *Rihanna: The Last Girl on Earth* (2010), uma coletânea de fotos de bastidores. A ideia era mostrar toda a jornada de Rihanna, desde a criação do primeiro logotipo até a sua turnê mundial. Há fotos mostrando a cantora num telhado, admirando a vista de Paris; e também imagens da sua coleção de sapatos, da cantora posando junto de manequins, escapando dos paparazzi, se deliciando com o serviço de quarto de hotéis e se apresentando no palco.

Rihanna deu uma declaração à MTV contando o que os fãs poderiam esperar do livro e por que ela decidira fazer a publicação: "Eu achei que a ideia das fotos de bastidores era realmente especial – imagens que os fãs nunca viram e que mostram um momento muito específico da minha vida, um álbum da minha vida. As pessoas vão ver tudo o que não viram, tudo o que em geral acontece por trás das câmeras – e são flagrantes muito legais, inusitados. As fotos estão muito interessantes. Até mesmo para mim, quando eu passo os olhos, elas dizem muita coisa. Imagens realmente valem por mil palavras".

A fotografia favorita de Rihanna na seleção publicada no livro é uma imagem dela no palco usando um adereço de cabeça. A imagem tem um tom esverdeado, e a cantora admite que a apelidou de sua foto "Disturbia".

As ideias de Simon Henwood para a apresentação de *Rated R* vieram de duas fontes principais de inspiração.

A primeira foi uma obra de ficção científica de Ursula K. Le Guin intitulada *The Lathe of Heaven**. A trama gira em torno de um personagem cujos sonhos têm o poder de modificar a realidade. A outra fonte de inspiração foi um filme de 1971 chamado *A última esperança da Terra*, baseado no romance de Richard Matheson *Eu sou a lenda*. Tanto o livro quanto o filme deram a Simon a ideia de criar um mundo próprio para Rihanna, uma espécie de sonho *dark* que ela poderia explorar através de sua música. Para a turnê propriamente dita ele não teve medo de explorar elementos visuais mais sombrios, desde manequins nus em chamas e armas até vidro quebrado e metal.

Rihanna confessou ao Daily Star: "Em comparação aos meus discos anteriores, *Rated R* é um álbum diferente... Ele é muito sincero, o som tem elementos mais *darks*, eu não queria fazer o mesmo disco que já fiz da última vez".

"Eu fico atenta aos comentários (dos fãs), tanto negativos quanto positivos. Eu quero mantê-los próximos a mim e quero que amadureçam comigo."

Por ter começado a trabalhar nesse quarto disco poucas semanas depois de ter sofrido a agressão, Rihanna pôde transformar uma parte da carga negativa em algo positivo, deixando que seus sentimentos sobre o que aconteceu influenciassem as letras das músicas.

Ela revelou ao MSNBC: "Na verdade, é um álbum destemido – muita gente anda comentando que é *dark* e coisas assim, mas é um disco muito sincero e foi feito de maneira muito verdadeira. Eu baixei a guarda para contar minha história e me permiti ficar um pouco mais vulnerável para poder me expressar. Eu fiz da música a minha válvula de escape. Eu passo por diversos estilos musicais e climas diferentes ao longo do disco. Quem ouvi-lo certamente vai saber o que tem se passado na minha cabeça".

Rated R foi lançado no dia 20 de novembro de 2009. O tom é bem mais irado do que o dos anteriores *Music of the Sun*, *A Girl Like Me* e *Good Girl Gone Bad*, com uma carga de tensão maior. Ela queria alguma coisa diferente e se permitiu fazer a mudança de rumo. O disco chegou ao

* N. da T.: livro não editado no Brasil, existente em edição portuguesa com o título de *O tormento das trevas*.

4º lugar nas paradas musicais dos Estados Unidos, foi número 2 no Reino Unido e número 1 na Suíça e na Noruega.

Rihanna explicou como escolheu o título do álbum, declarando à revista *W*: "Foi algo muito pessoal, uma coisa que brotou de mim da maneira mais autêntica. O trabalho é como um filme, e daí a escolha do título*, porque durante a produção do disco a cada dia eu estava com um humor diferente. Às vezes chegava irritada, às vezes, arrasada, e cada faixa traz uma história diferente".

"Ainda é difícil ouvir certas músicas, e algumas eu nem consegui gravar. Eu fico adiando [a entrada delas em estúdio]."

Uma das gravações mais difíceis foi a de "The Last Song", porque a faixa fala de dizer adeus para alguém que se ama de todo o coração. Rihanna confessou: "Quando a gravadora finalmente avisou que tínhamos doze horas para entregar o disco, eu pensei: 'Tá, eu tenho que encarar isso'. Tomei um pouco de vinho tinto, suavizei as luzes, entrei no estúdio e cantei".

Evan Rogers, que acompanha a cantora desde o começo de sua carreira, ficou chocado com o álbum no primeiro momento, e declarou à jornalista Danielle Stein: "Esse disco foi como passar pela situação de ver a sua filha dizendo um palavrão pela primeira vez. Eu estaria mentindo se dissesse que não me preocupei com a reação que os fãs mais tradicionais teriam".

Ne-Yo também enxergou no disco um lado diferente da artista e admitiu: "Quando eu trabalhei com ela pela primeira vez, no segundo álbum, Rihanna era muito... não vou dizer 'obediente' porque seria como descrever um cachorro, mas ela aceitava as minhas sugestões sem questionar nada".

"Ela confiava em mim, o que era uma coisa boa, mas eu sempre dizia que a intenção era chegar a um ponto em que ela tivesse os seus *inputs* também, em que fosse uma colaboradora e não uma marionete. E agora acho que conseguimos isso. Rihanna está mostrando partes de si

---

* N. da T.: a expressão "rated R" é uma referência à categoria "R" da classificação etária adotada no cinema americano e que equivaleria no Brasil a "não recomendado para menores de 17 anos desacompanhados dos pais ou responsáveis".

que não mostrava antes por medo de assustar as pessoas. Ela enfrentou uma dose de sofrimento, e isso a ajudou a amadurecer e se tornar capaz de explorar esse lado."

Como a sua família mora a quilômetros de distância, em Barbados, Rihanna formou uma segunda família para si com Jay-Z, L. A. Reid, Jay Brown, Tyran "Ty-Ty" Smith, Melissa e sua trupe de estilistas. Carl Rogers e a esposa a consideram como uma filha, e às vezes têm o impulso de protegê-la de determinadas situações.

Antes de *Rated R* chegar ao mercado, muitos fãs acreditavam que as músicas do disco falariam de Chris Brown e do relacionamento do casal, mas não foi isso que aconteceu – como um dos produtores, Chuck Harmony, explicou à MTV: "O que quer que ela cantasse, como por exemplo 'eu ainda te amo', as pessoas iriam supor que era sobre o Chris Brown. Se aparecesse cantando 'eu detesto o seu cachorro', diriam que era sobre o Chris Brown também. Fazer essas associações é uma reação natural dos fãs, depois que ela se recusou por tanto tempo a se pronunciar a respeito".

Mas mesmo que Rihanna quisesse compor canções sobre o ex-namorado, provavelmente os compositores que trabalham com ela teriam se recusado a fazer isso. Ne-Yo confessou a Jayson Rodriguez: "Chris Brown é meu amigo e eu não o vejo como um mau sujeito por causa do que aconteceu. Certamente foi um erro, e ele tem lições a aprender e maturidade que precisa conquistar, mas eu não vou atacá-lo por causa disso. Não vou dar as costas para uma pessoa que considero minha amiga porque essa pessoa cometeu um erro. [Portanto] Eu não seria capaz de escrever canções detonando Chris Brown e depois encarar a mim mesmo no espelho".

As gravações para o disco foram feitas em diversas partes do mundo – em estúdios de Nova York, Londres, Paris e Los Angeles. As faixas favoritas de Rihanna foram "Cold Case Love" e "Fire Bomb". Ela declarou à revista *W*: "Eu queria que fosse um disco com mais baixo, com uma batida mais suja e mais visceral – que soasse menos cheio de sintetizador, pop e dance".

"Até agora meus fãs eram muito jovens, entre os cinco anos de idade e logo antes de entrar na idade adulta. Mas agora há gente mais velha curtindo a música que eu faço. E isso inclui homens héteros! Um cara hétero não poria o meu disco anterior para tocar no carro. Esse último trabalho eles podem curtir sem deixar de se sentir durões."

A crítica em geral gostou de *Rated R*, e o disco recebeu 76 pontos na escala de 100 do Metacritic (que analisou 20 resenhas para definir a nota); Jim DeRogatis, do *Chicago Sun-Times*, deu-lhe três estrelas na escala de quatro adotada pelo jornal, e Ed Potton, do *The Times*, deu quatro estrelas em cinco. O texto da resenha de Potton dizia: "Ora meloso, ora estridente, em parte lamento e em parte fantasia de vingança bem equipada, é o melhor disco que Rihanna já lançou até hoje". Jody Rosen, da *Rolling Stone*, concordou e declarou que o trabalho era "o melhor disco pop do ano".

A lista de faixas do disco ficou assim:

1. "Mad House"
2. "Wait Your Turn"
3. "Hard" (participação de Jeezy)
4. "Stupid in Love"
5. "Rockstar 101"
6. "Russian Roulette"
7. "Fire Bomb"
8. "Rude Boy"
9. "Photographs" (participação de will.i.am)
10. "G4L"
11. "Te Amo"
12. "Cold Case Love"
13. "The Last Song"

Quem olha para as capas dos três primeiros discos de Rihanna vê uma garota feliz e de rosto jovial exibindo sua beleza natural, mas para a arte de *Rated R* a cantora quis algo completamente diferente. A intenção era que a imagem refletisse as mudanças em sua música, e ela declarou à revista *Elle*: "Eu queria representações de força e destemor, mas que tivessem feminilidade – uma mulher forte que tivesse também um lado vulnerável. Toda mulher é feita de vulnerabilidade e de força – não importa qual a sua etnia, não importa o que você passou na vida. Toda mulher tem uma força que é inegável, mas nós também temos corações enormes. É o nosso jeito de ser".

RiRi chamou a fotógrafa de moda Ellen von Unswerth para um ensaio cheio de atitude, e então escolheu a melhor foto para compor a capa do disco. Ellen é uma das melhores profissionais de fotografia de moda do mercado e assina as artes de capa de discos de Britney Spears (*Blackout*), Christina Aguilera (*Back to Basics*), Janet Jackson (*The Velvet Rope*) e Dido (*Life For Rent*).

A foto que Rihanna e a gravadora consideraram a melhor foi uma em que ela aparece com a expressão muito contrariada. A imagem foi feita em *close*, e Rihanna tem uma das mãos cobrindo o olho direito e encara diretamente a câmera. Os dedos exibem diversos anéis, e a cantora está usando uma roupa de couro e maquiagem em tons escuros. O fato de ser em preto e branco torna a imagem quase agressiva, e o logotipo do "R" foi inserido no canto superior direito. Muitos críticos e blogueiros enxergaram semelhanças entre essa capa e algumas capas de discos da cantora Grace Jones. Um artigo da MTV dizia: "[A] foto de capa granulada em preto e branco que vazou para a imprensa na terça-feira (27 de outubro) flagra a cantora numa pose contemplativa e com um ar contrariado que remontam à atitude vanguarda de Grace Jones nos idos da década de 1980".

O tema recorrente nas capas dos singles lançados a partir do disco *Rated R* foi a imagem de Rihanna seminua. As fotos eram ousadas e ao mesmo tempo elegantes. Para "Russian Roulette" ela aparece vestindo um corpete dourado que se mistura ao tom de sua pele, dando a impressão de nudez. Há arame farpado enrolado em volta do corpo e um tapa-olho do lado direito que aparece cortado de forma que ainda é possível ver o olho da cantora. O braço direito está apontando diretamente para o alto, de onde pende uma corrente de metal. O título vem escrito em letras vermelho-sangue com o logotipo do "R" em tamanho gigante por cima: a ponta aguda da base do "R" dá a impressão de que vai se cravar no ombro de Rihanna a qualquer momento.

A MTV descreveu a capa como polêmica, e o *Daily Mirror* comentou: "Os figurinos ousados garantem que Rihanna receba atenção da mídia, tanto pelas suas escolhas de moda quanto por sua música, mas a estrela conseguiu trabalhar uma boa combinação das duas coisas na capa do seu novo disco".

"Em 'Russian Roulette', a cantora de 21 anos tira a roupa, posando sem nada para cobrir os seios além de tiras de arame."

Para a capa de "Hard", ela posou com um *body* preto criado pelo estilista Alexandre Vauthier que, de tão revelador, não cobre muita coisa também. O corpo está torcido na direção da câmera, com o cotovelo direito apontado para cima. Os olhos de Rihanna estão fechados e ela está entre paredes decoradas com uma padronagem de fitas cassete. Mais uma vez, a fotografia é em preto e branco, com o logotipo do "R" menor do que na capa de "Russian Roulette" e desta vez no canto superior esquerdo. O título do single aparece em vermelho outra vez, mas na forma de um carimbo no meio da foto.

Muitos fãs e críticos começaram a se perguntar o que poderia vir em seguida, porque a cada lançamento de single Rihanna parecia estar reduzindo a quantidade de roupa sobre o corpo.

Para "Rude Boy" a cantora é mostrada nua, mas usando uma placa com o título do single na frente do corpo. Ela calça um par de botas pretas de aspecto masculino, tem uma cartola na cabeça e um cigarro pendendo da boca. Houve críticas por causa da "glamourização do fumo", mas na opinião dos fãs a mensagem não foi essa. A cantora aparece fumando em diversos videoclipes ("Disturbia", "Wait Your Turn" e "Rude Boy"), mas isso não quer dizer que esteja dizendo aos fãs que façam o mesmo – o cigarro simplesmente faz parte das personagens que ela encarna nos vídeos.

Rihanna decidiu seguir um rumo diferente com a arte da capa de "Rockstar 101". O resultado ficou bem menos agressivo que os singles anteriores, com o foco principal sendo o rosto da estrela. Ela aparece com os cabelos pintados de loiro, exceto por uma mecha escura na parte da frente, e cobertos por uma rede preta. A maquiagem dos olhos ainda tem tons escuros e há um tapa-olho pintado do lado esquerdo, mas os lábios ganharam um tom *nude*. Um brinco com aparência de arma pende da orelha esquerda. A capa do disco em versão *remix* foi idêntica a essa, exceto pelo fundo, que ganhou um tom de roxo que realça as cores do rosto da estrela.

Para o single internacional "Te Amo", Rihanna voltou a extravasar o seu lado *dark* e posou com um dedo nos lábios e o rosto encostado ao de um manequim. Essa arte transbordava sedução e trazia o logotipo do "R" aplicado no canto superior esquerdo.

O primeiro single de *Rated R* que Rihanna lançou foi o de "Russian Roulette". Depois de chegar ao mercado, no dia 3 de novembro de 2009, ele atingiu o 9º lugar das paradas musicais, tanto nos Estados Unidos quanto no Canadá. Na Suíça, na Noruega e na Eslováquia o desempenho foi melhor, garantindo um número 1, e a canção foi a segunda mais tocada no Reino Unido.

Rihanna explicou à Associated Press a ideia da música, dizendo: "Para mim, era sobre estar num relacionamento e ter medo de se machucar no final, uma sensação que parece aquela que você tem quando brinca de roleta-russa. Você sabe que alguém pode sair ferido dali e morre de medo que esse alguém seja você. Então, se eu estou morrendo de medo, mas não vou embora, isso quer dizer: eu tenho medo de me machucar, mas estou apaixonada e por isso não vou embora".

Anthony Mandler dirigiu o videoclipe e foi ele que teve a ideia de mostrar Rihanna presa, sendo interrogada, levando tiros debaixo d'água e sendo atropelada, além de filmá-la brincando de roleta-russa com uma arma em cena. Ao todo, foram dois dias de filmagens. Antes do lançamento do clipe, Mandler confessou à jornalista Jocelyn Vena: "Eu penso que com uma canção dessas e uma letra tão carregada, com o perdão do trocadilho, com a carga de simbolismo e de imagens que ela evoca, nossa única opção era criar algo que fosse visualmente instigante".

As cenas de Rihanna com seu par romântico foram deixadas intencionalmente no segundo plano: "O nosso objetivo foi afundar nas lembranças e tentar sair um pouco do drama e das fofocas para conseguir um pouco mais de profundidade e simbolismo".

O videoclipe concorreu ao prêmio de Melhor Clipe Feminino na edição de 2010 do Video Music Awards da MTV Japão, mas acabou vencido pela música "New Look", da cantora de R&B japonesa Namie Amuro.

MULHER DO ANO

Em **9 de novembro** de 2009, Rihanna foi homenageada junto com onze outras personalidades femininas com o Prêmio Mulheres do Ano da revista *Glamour*, numa cerimônia apresentada no Carnegie Hall, em Nova York. Ela escolheu para a ocasião um vestido com corte do tipo sereia da estilista Stéphane Rolland. O figurino não foi dos mais práticos – Rihanna precisou fazer esforço para caminhar com ele –, mas lhe garantiu um visual espetacular.

Durante a exibição do tributo em vídeo, Rihanna não conseguiu se conter e derramou algumas lágrimas quando estava no palco. Ela disse à plateia: "Eu nunca conseguiria subir até aqui com este vestido. Como de hábito, acabei escolhendo o mais justo que pude encontrar".

O vestido era realmente justo demais para enfrentar os degraus da escadaria de acesso ao palco e a cantora precisou dar a volta pelos bastidores – não que isso tenha feito muita diferença para os presentes. Rihanna recebeu o seu prêmio das mãos de Iman, esposa de David Bowie, que é atriz, modelo e empresária de sucesso. Ela explicou a nomeação da cantora como uma das Mulheres do Ano dizendo: "Este ano nós conhecemos uma faceta diferente de Rihanna – ela se tornou uma imagem indelével da dor neste mundo e agora, mais do que nunca, eu posso dizer que a sua honestidade e a sua coragem me deixam realmente impressionada. Essa artista tomou as próprias cicatrizes e as usou para criar uma nova história de força e conscientização". Mas Rihanna não recebeu o prêmio só pela maneira como agiu depois da agressão que sofreu, e sim por causa das suas conquistas na indústria da música e por seu ótimo trabalho com instituições beneficentes voltadas para crianças.

Em seu discurso de agradecimento, a estrela disse: "Eu estou tremendo aqui, estou nervosa e ao mesmo tempo eufórica e muito honrada por ser eleita pela *Glamour* como Mulher do Ano". Ela revelou também que só recentemente passara a se ver como mulher de fato, após completar 21 anos, e que era um prazer fazer parte de um evento que celebrava mulheres fortes. E acrescentou que a mãe e a avó eram as suas "Mulheres do Ano" pessoais, e que se sentia muito grata às duas. A família fora trazida de Barbados para estar presente à premiação e comemorar com Rihanna.

O custo das passagens de avião para a mãe, a avó, os irmãos e as tias viajarem até Nova York chegou à casa dos US$ 50 mil, mas foi um gasto que para Rihanna valeu cada centavo – ela adorou poder apresentar os familiares a Tyra Banks, Serena Williams e Stella McCartney depois da premiação. Terminada a cerimônia, todos se dirigiram ao restaurante South Gate, no elegante hotel Essex House, para um jantar. A cantora andara tão ocupada promovendo o disco e o single "Russian Roulette" que achou ótimo ter essa oportunidade para relaxar um pouco e aproveitar a visita da família aos Estados Unidos.

O JEITO CERTO

"**Wait Your Turn**" originalmente seria o segundo single do disco *Rated R* a ser lançado, mas a gravadora tomou a decisão de colocar "Hard" em seu lugar. Rihanna participou da autoria dessa música, trabalhando em parceria com os compositores Tor Erik Hermansen, Mikkel S. Eriksen, Saul Milton, Takura Tendayi, Will Kennard e James Fauntleroy II. A faixa estava disponível para ser baixada da internet a partir de 13 de novembro de 2009, quatro dias depois da entrega do prêmio Mulheres do Ano.

Alguns segundos dessa canção foram usados no vídeo promocional que antecedeu o lançamento do álbum. Os fãs gostaram da amostra e começaram a baixar a faixa desde que o disco chegou ao mercado, em novembro. Ela chegou ao 32º lugar das paradas musicais da Irlanda, ao 45º no Reino Unido e foi a número 82 entre as mais tocadas na Austrália.

O videoclipe foi filmado em preto e branco por Anthony Mandler. As cenas foram captadas à noite e têm um clima bem gótico, com Rihanna cantando enquanto anda por uma rua e usa um tapa-olho. Em algumas cenas, ela aparece também numa igreja e com uma estátua. A inspiração para o trabalho foram os clipes de hip-hop dos anos 90.

TATUAGENS

Rihanna tem muitas tatuagens, pelo corpo inteiro. No pescoço, lê-se a expressão "rebelle fleur" (que significa "flor rebelde"); também há uma cascata de estrelas que descem da nuca em direção ao ombro direito. Essa tatuagem foi feita em duas etapas. Dentro da orelha esquerda ela tem uma pequena estrela, e atrás da direita mandou tatuar o símbolo do signo de Peixes. Essa tatuagem astrológica foi feita por um famoso tatuador brasileiro que costuma trabalhar com filas de espera de três anos, mas que teve a chance de atender RiRi numa ocasião em que os dois estavam em Tóquio.

No alto do ombro esquerdo, a cantora tem a data de aniversário da melhor amiga, Melissa, em numerais romanos: "XI IV LXXXVI" (11 de abril de 1986), e no ombro direito a frase "jamais um fracasso, sempre uma lição" escrita de trás para a frente. Ela traz um pequeno revólver tatuado na lateral direita das costelas, que ela diz ser um símbolo de proteção. Originalmente, a estrela tinha a intenção de tatuar armas em ambos os braços, mas não pôde fazer isso por causa do contrato de publicidade que assinou para ser o rosto da marca de maquiagens CoverGirl.

Na lateral esquerda das costelas, há a frase "Al Hurria fi Al Maseeh", que quer dizer "Liberdade em Deus" em árabe. No quadril direito a cantora quis inscrever uma oração em sânscrito que diz "Perdão, Honestidade, Supressão e

Controle", mas ela acabou registrada com a grafia incorreta! Apesar disso, Rihanna ficou satisfeita com a tatuagem.

No tornozelo esquerdo há o símbolo da caveira com ossos cruzados, só que com a caveira usando um laço de fita vermelho. Essa tatuagem foi feita em Miami. E, até o momento, são três inscrições nas mãos: a palavra "Amor" no dedo do meio da mão esquerda, um desenho tribal na mão direita e "Shhh" no indicador dessa mesma mão (Lindsay Lohan e Lily Allen também fizeram a tatuagem do "Shhh" depois de Rihanna aparecer com a sua!).

O desenho tribal foi feito quando a cantora estava em turnê pela Nova Zelândia – ela escolheu um padrão geométrico do povo maori. Num evento do Unicef em Nova York, ela revelou aos repórteres da revista *People* que essa tatuagem doeu bastante, mas que "é um desenho tribal, representa a força e o amor. Foi feito com o método tradicional de tatuagem dos maoris, que fazia muito tempo que eu queria experimentar".

A tatuagem preferida de RiRi só pode ser o revólver das costelas ou a sua "Jamais um fracasso, sempre uma lição" sobre o ombro.

Ela própria, entretanto, passou por maus bocados quando decidiu se aventurar como tatuadora. RiRi uma vez foi até o seu estúdio de tatuagem favorito, o East Side Ink, em companhia de amigos e do guarda-costas. Muitas das tatuagens que ela exibe são obras do tatuador BangBang (cujo nome verdadeiro é Keith McCurdy), e sempre que tem algum dia de folga a cantora gosta de ir até lá trocar ideias com ele e com os outros artistas que trabalham no lugar. BangBang fez a tatuagem com a data de nascimento de Melissa, o revólver, uma parte das estrelas das costas e o "Shhh" no dedo. Nesse dia, depois de algumas horas de conversa, BangBang sugeriu uma inversão de papéis: Rihanna faria uma tatuagem nele.

A cantora topou a ideia, porque ama tatuagens e porque com os muitos anos de convivência os dois haviam se tornado bons amigos. Ele lhe mostrou como fazer e ela decidiu desenhar um pequeno guarda-chuva com a letra "R" na perna de BangBang. O trabalho ficou muito bom, considerando que era a sua primeira vez.

Depois que terminou o primeiro desenho ela fez duas outras tatuagens, em colegas do artista. Na perna de Josh Lord tatuou "R 2", e no braço de Patrick Conlon, "R 3". Todos posaram para fotos, e depois que foi embora do estúdio Rihanna esqueceu o assunto.

Ela não fazia ideia de que havia violado a lei até o Departamento de Saúde e Higiene Mental da Cidade de Nova York anunciar que estava investigando o ocorrido. Em declaração oficial, eles informaram: "Apenas tatuadores licenciados podem aplicar tatuagens na cidade, segundo o Código Municipal de Saúde. Estamos enviando agentes para averiguar o ocorrido".

O ex-namorado Chris Brown também era um grande fã de tatuagens, e algumas semanas depois decidiu seguir o exemplo de RiRi e fez uma tatuagem em BangBang. Tanto Chris quanto o tatuador sabiam que haveria problemas por Chris Brown não ser um tatuador licenciado, então viajaram para outro estado onde a prática não era proibida.

O cantor decidiu desenhar um rosto com traçado de *cartoon* e escrever "Bang" acima dele. Na opinião de BangBang, o trabalho dele ficou melhor que o de RiRi, mas quem compara as duas tatuagens logo vê que a dela é mais elegante. O tatuador agora decidiu que quer ser tatuado por outras celebridades, então é provável que tenha que viajar para fora do estado com mais regularidade para receber os novos desenhos na pele. Pelo menos Rihanna vai poder dizer que ela inventou a tendência, não que só copiou os outros!

Dois meses depois que Rihanna fez a tatuagem em BangBang, o Departamento de Saúde e Higiene Mental da Cidade de Nova York concluiu as investigações – o estúdio de tatuagens recebeu uma multa, mas não por causa do incidente envolvendo Rihanna. Um porta-voz declarou à MTV: "É verdade, uma infração foi detectada no East Side Ink quando o fiscal encontrou o estabelecimento funcionando com um tatuador não licenciado em seu quadro fixo de funcionários. As multas por infrações ao Código de Saúde variam entre US$ 200 e US$ 2 mil".

"Rihanna não foi encontrada no estabelecimento no momento em que o fiscal do Departamento esteve lá.

O Departamento de Saúde recebeu um chamado informando a presença de Rihanna e enviou um fiscal; Rihanna não foi encontrada no local, o fiscal conduziu a inspeção, encontrou um tatuador não licenciado em serviço e emitiu uma multa por essa violação ao Código de Saúde."

Perto do Natal de 2009, RiRi fez uma nova tatuagem na altura da clavícula direita onde se lê "Jamais um fracasso, sempre uma lição" de trás para a frente – vista diante do espelho, a frase surge na ordem correta. Essa tatuagem foi feita por BangBang, que revelou à *OK! Weekly*: "Ela me avisou com antecedência que viria, e quando chegou ao estúdio explicou que desejava a frase 'Jamais um fracasso, sempre uma lição', só que escrita de trás para a frente".

"Eu perguntei por que ela havia escolhido essa tatuagem, e a resposta foi: 'Essa é uma espécie de lema para tudo na minha vida. Em vez de ver as coisas como erros, eu procuro enxergá-las como lições.'"

A cantora lhe pediu que usasse tinta cinza em vez do preto tradicional por ser uma tatuagem mais pessoal, e não algo em que ela quisesse que as pessoas reparassem. Nas palavras do próprio tatuador: "Ela queria um resultado mais sutil, que não chamasse tanta atenção".

Rihanna faz novas tatuagens o tempo todo e confessou à revista *InStyle:* "A coisa que eu mais gosto de fazer é estar em Nova York, pegar um táxi – sozinha, sem guarda-costas – e ir até a 6ª Avenida, entre a Bleecker e a Houston, para circular pelos estúdios de tatuagem. É uma cultura completamente diferente que impera ali".

Durante uma entrevista para o portal de internet AOL, os fãs foram convidados a enviar perguntas para a cantora. Paul Beadle indagou: "Você não acha que vai se arrepender de ter feito todas essas tatuagens quando estiver com 70 anos?".

Rihanna não se abalou e respondeu: "Volte a perguntar isso quando eu estiver com 70. Eu não posso saber a resposta agora, mas acho que não vou me arrepender. Você está pensando que a arma pode ficar flácida quando eu envelhecer? Bem, isso é algo com que eu vou ter que lidar. As tatuagens são recados pessoais para mim mesma, e foram feitas para permanecer para sempre. O revólver é um símbolo de poder e de proteção. Eu já tive um grande na perna, mas não era uma tatuagem definitiva. Não tem nada a ver com violência. Eu jamais usei uma arma de maneira violenta e não tenho essa intenção. Qual será minha próxima tatuagem, um míssil? Não, eu acho que vai ser alguma expressão escrita. Eu gosto muito de inscrições tatuadas. Alguém me falou de uns textos que há na capa do disco *Mama's Gun,* de Erykah Badu. São palavras e frases tão poderosas quanto armas. Talvez elas sejam a minha próxima tatuagem".

NATAL EM CASA

Rihanna tomou um avião para Barbados a fim de passar o Natal de 2009 em companhia da família. Ela já estivera com eles em novembro, mas mal podia esperar para se inteirar de todos os assuntos familiares e descobrir o que havia perdido. Em seu site oficial, a cantora deixou uma mensagem de agradecimento pelo apoio dos fãs ao longo do ano que havia passado: "A todos os meus fãs, obrigada pelo apoio incrível e pela lealdade ao longo deste ano. Boas festas para vocês e para as suas famílias".

Rihanna passou o dia de Natal na praia com a família. Ela estava usando um biquíni rosa-choque muito sedutor, bandana no cabelo e grandes brincos de argola para completar o visual. Os *paparazzi* são capazes de qualquer coisa para tirar fotos da estrela o tempo todo, e não descansam nem na época de Natal. Já houve casos de fotógrafos escondidos em rochedos no meio do oceano para capturar os melhores ângulos de Rihanna – e ela só se deu conta da presença deles ali quando viu as fotografias publicadas. Dar de cara com as imagens foi um choque, porque ela não vira os repórteres e porque, por causa do ângulo das fotos, elas só podiam ter sido feitas das pedras, que ficavam bem longe da praia.

Depois de relaxar com os familiares na praia por algumas horas, ela trocou o biquíni por um vestido preto e foi para uma festa no estádio de críquete Kensington Oval.

Rihanna iria trabalhar na véspera do Ano-Novo e tomou

um avião para Abu Dhabi, nos Emirados Árabes Unidos. Ela fez uma apresentação de duas horas no gramado do Emirates Palace Hotel diante de 10 mil fãs, que pagaram £ 66 por ingresso para ver a chegada do Ano-Novo em companhia da cantora. Depois de ter cantado seus maiores sucessos e encerrar com uma versão de "Umbrella", ela conduziu a contagem regressiva e comemorou em companhia do público e do amigo Matt Kemp, jogador de beisebol, que a acompanhara na viagem. Kemp e Rihanna começariam a namorar nas semanas seguintes. A festa em Abu Dhabi continuou até a madrugada, na imensa tenda armada no gramado do hotel.

O organizador do evento, John Lickrish, disse à imprensa: "Essa noite foi um sucesso estrondoso e uma forma memorável de encerrar um grande ano para a Flash [Entertainment] e para Abu Dhabi. A *performance* de Rihanna deixou a todos nós encantados e estabeleceu um parâmetro de qualidade que vai ser difícil de superar no ano que vem".

Rihanna provavelmente alimentava uma grande expectativa para ver o que 2010 lhe traria, depois de um ano de 2009 tão atribulado. Ela elaborou uma lista de resoluções de Ano-Novo extensa: pretendia começar a se levantar da cama cedo, parar de se atrasar para os compromissos, controlar mais as compras, aprender a tocar bateria e passar mais tempo com a mãe e com a família. No campo musical, a meta era trabalhar com o Depeche Mode. Ela conversou com a equipe da Nova FM sobre essa parceria dos sonhos: "Eu quero trabalhar com o Depeche Mode ou com o Prodigy – adoro o estilo dessas bandas. Eu adorei o novo disco do Prodigy, e busco muita inspiração no estilo deles. Eu curti a batida *dubstep* e um som mais *underground,* mais sujo e com letras mais agressivas; gostei muito de ouvir esse trabalho".

Infelizmente, o desejo de trabalhar com o Depeche Mode ou o Prodigy ainda não foi realizado, mas nunca se sabe o que o futuro reserva. Quando Rihanna quer uma coisa, em geral ela acaba conseguindo!

2010: APRESENTANDO MATT

A **notícia** de que Rihanna e o astro do beisebol Matt Kemp estavam juntos vazou na primeira semana de janeiro de 2010. Depois do show de Ano-Novo eles viajaram para alguns dias de descanso no México, onde os *paparazzi* conseguiram imagens dos dois relaxando juntos numa hidromassagem. Outras imagens flagravam Matt com a mão nas costas de Rihanna e o casal se beijando. Rihanna se divertiu muito na viagem e até teve a chance de nadar com golfinhos. Mas não foi uma viagem romântica a dois, porque a cantora levou seus amigos. O grupo circulou junto pelo Beach Club, foi à boate El Squid, em Cabo San Lucas, fez passeios de iate e se divertiu pilotando *jet skis*.

Enquanto o casal curtia o descanso, o E! Online perguntou ao agente de Matt se Rihanna e o jogador estavam namorando e ele negou tudo dizendo: "Eu acho que falar em namoro seria precipitado neste momento. Eles foram para Cabo, mas tirando isso são apenas bons amigos. Não podemos dar nenhuma definição além de amizade para a relação por enquanto, mas para onde ela vai evoluir só o tempo dirá".

Rihanna tenta preservar a privacidade no que se refere aos seus relacionamentos, mas a imprensa nunca respeita isso. Os repórteres estão sempre precipitando as coisas, e talvez isso às vezes deixe RiRi frustrada.

– VAMOS AOS FATOS –
MATT KEMP

Três anos mais velho do que Rihanna, Matt Kemp joga no Los Angeles Dodgers, um dos principais times de beisebol da Liga Principal da cidade. Ele joga na posição de *outfielder*, ou jardineiro externo, e sua vida gira em torno do beisebol. Criado em Oklahoma, o rapaz sempre se destacou nesse esporte e no basquete nos tempos de colégio.

Seus amigos são quase todos do circuito do beisebol, e Rihanna foi a primeira celebridade que ele namorou. O apelido "Bisão" surgiu porque certa vez, durante um jogo, o comentarista Don Sutton falou que Matt parecia um "búfalo enorme percorrendo as bases".

Deve ter sido agradável para Rihanna sair com alguém de fora do meio musical mas que ao mesmo tempo sabia o que era ter que lidar com a fama e o assédio dos fãs. Assim como a cantora, Matt também está muito envolvido com o trabalho de instituições de caridade.

Ele também partilha do seu amor pelas tatuagens e exibe muitas na própria pele: o braço esquerdo é fechado por uma padronagem que traz a figura de um ser da mitologia grega portando uma espada, e há também uma rosa, um texto inscrito no peito e a expressão "Vivendo Para o Momento" nas costas.

Depois de voltar da viagem, Rihanna achou que estava precisando de biquínis novos e pediu para Celeste Johnny criar alguns modelos exclusivos para ela. Em seu site oficial, Celeste declara: "A Johnny Vincent [sua marca de moda praia] nasceu do meu amor pela moda e pelo Caribe, que é a imagem que eu tenho do 'Paraíso'. A minha meta é usar os modelos que crio, os tecidos, as cores e acessórios para passar a mesma sensação a vocês. Eu espero que cada peça minha, quando for usada por alguém, seja um reflexo da paixão que emprego na criação dos modelos. Eu aposto muito no amor-próprio, em cada pessoa se amar por aquilo que tem de único e especial. E quero que ao vestir as minhas criações vocês possam sentir a beleza e a sensualidade que são unicamente suas. Quero que sintam o amor do meu paraíso a lhes envolver".

Rihanna adora os biquínis criados por Celeste e foi fotografada usando um modelito rosa-choque arrasador no Natal e durante sua viagem ao México. As fãs correram para encomendar o mesmo biquíni no site e o estoque logo se esgotou.

Celeste ficou empolgada com o pedido de que criasse um biquíni exclusivo para Rihanna. A estilista disse à *OK! Magazine:* "Ela ficou ótima com os meus modelos, e eu acabo de receber um e-mail pedindo um biquíni listrado. Estou conversando com a assistente da cantora para definir as cores e tudo o mais".

Rihanna se transformou num ícone *fashion* e milhares de mulheres no mundo todo dariam qualquer coisa para se parecerem com a cantora. Qualquer peça de roupa que ela decida usar se transforma em notícia. As roupas da cantora refletem a sua personalidade, e muitas vezes é possível intuir o seu estado de espírito pelo figurino escolhido.

Depois dos dias de descanso, RiRi precisou voltar direto para o trabalho de promoção dos singles. O segundo single do disco *Rated R* a ser lançado no mercado americano foi "Hard", com a participação do rapper Young Jeezy. A data do lançamento foi 19 de janeiro de 2010, e em agosto do mesmo ano o single saiu no Reino Unido.

A música foi escrita por Rihanna, Young Jeezy e pelo pessoal de Tricky Stewart e The-Dream. "Hard" chegou ao 8º lugar nas paradas dos Estados Unidos e foi a número 42 no Reino Unido. A faixa não teve lançamento mundial, mas fãs de outros países baixaram-na via internet e lhe renderam uma 9ª posição nas paradas do Canadá, além de deixá-la como número 15 entre as mais tocadas da Nova Zelândia, número 21 na Eslováquia e número 26 na Suécia.

Tanto os fãs quanto os críticos adoraram os vocais de Rihanna na música e também sua batida hip-hop. O videoclipe teve a direção de Melina Matsoukas, e foi dela a ideia de filmar em instalações militares no meio do deserto. O figurino escolhido para Rihanna chamou a atenção, e nas imagens fica claro que ela se divertiu durante a produção do clipe. A cantora admitiu para a MTV: "É uma linha militar-de-grife. Tudo no clipe é cercado por essa aura. Nós mostramos tanques, soldados, helicópteros e explosões... E também muita roupa justa, muitos modelitos incríveis e muitos tiros. Uma loucura".

Ela também revelou o que mais adora em "Hard": "Quando eu escutei a música pela primeira vez, estava em Paris. Dream e Tricky pegaram um avião até lá para me mostrar uma gravação. Havia algumas [músicas], mas essa me chamou a atenção. Havia uma arrogância que me soava como algo distante da minha essência, e isso ajudou na minha decisão de ficar com a música. Era divertida, naquele tom cheio de atitude de quem está se gabando. E Young Jeezy foi a escolha perfeita para combinar com esse clima, ele tem a energia dessa música. Eu adorei, adorei de verdade a participação dele. Ele deu uma dimensão nova à gravação".

A canção ficou com o Prêmio Bet de Escolha do Público de 2010.

Depois do terremoto que atingiu o Haiti no dia 12 de janeiro de 2010, Rihanna se mostrou profundamente abalada; ao ser entrevistada para um *talk-show* da TV norueguesa, ela explicou que a sua sensação era como se Barbados tivesse sido atingida, dizendo: "Nós do Caribe nos vemos como uma grande família, como se fosse um só país... estamos todos juntos. Nós todos representamos uns aos outros".

Rihanna quis se envolver pessoalmente nos esforços de ajuda ao país. Ela tomou a decisão de lançar uma versão própria do clássico de Bob Marley "Redemption Song". A faixa foi liberada para ser baixada da internet no dia 19 de janeiro, uma semana após o terremoto, e todo o dinheiro da venda dos *downloads* foi revertido para o movimento Help For Haiti.

O arquivo só ficou disponível para ser baixado por 48 horas. A música emplacou como número 18 nas paradas musicais americanas, graças a uma aparição no *The Oprah Winfrey Show* no dia seguinte ao lançamento. Rihanna apresentou a música no programa e explicou o que a levou a lançá-la. Ela disse à Oprah e aos telespectadores: "Essa música foi importante na minha formação; quando eu estava crescendo, sempre que enfrentava uma situação difícil eu a escutava e me sentia mais livre. Até hoje, quando me sinto imprensada contra a parede, eu ouço essa canção. E senti que as pessoas no Haiti estavam precisando ouvir algo que fosse inspirador".

Em seguida, ela acrescentou: "Muitas vezes, nesse tipo de tragédia, os órfãos são os que mais sofrem. O Haiti já tinha quase 400 mil crianças órfãs antes do que aconteceu. Há muitas crianças sem pais por aí, ou que não conseguem encontrar seus pais. Há muitas crianças mortas, muitas crianças com fome, sem ter como conseguir comida, desamparadas. É por isso que nós precisamos tomar conta delas: as crianças são o futuro".

Rihanna cantou mais uma música para levantar recursos para o povo do Haiti. "Stranded (Haiti Mon Amour)" foi lançada nas vozes de Rihanna, Jay-Z, Bono e The Edge (do U2). O lançamento aconteceu no dia 23 de janeiro de 2010.

A canção foi escrita em resposta direta aos acontecimentos. O produtor Swizz Beatz enviou mensagens a Jay-Z e Bono perguntando se os dois aceitariam gravar um single, e ambos concordaram. O mote para a letra surgiu numa conversa entre Bono e Swizz pelo telefone.

O produtor revelou à revista *Rolling Stone:* A ideia da música é dizer 'nós não vamos deixar vocês à deriva', como o refrão repete. Eu e Bono estávamos trocando ideias pelo telefone, quando ele me falou: 'Tem uma expressão, à deriva, que não me sai da cabeça...'. Eu lhe pedi que cantasse para mim o que estava imaginando e ele precisou interromper a ligação porque estava registrando as ideias com um gravador portátil na hora – e a música saiu ali mesmo, pelo telefone".

O grupo gastou cerca de três horas em conversas telefônicas sobre a canção, depois The Edge trabalhou o material surgido dessas conversas e cada cantor gravou separadamente a sua parte. Na última etapa, Rihanna entrou no projeto. Swizz explicou: "Eu sabia que Jay conseguiria contar a história e que Bono daria melodia a ela. O último elemento que eu incluí foi Rihanna, que surge na gravação como uma espécie de anjo, para suavizar o clima geral e criar um clima de compaixão para o refrão, que é poderoso".

A música foi apresentada ao vivo na etapa londrina da maratona televisiva beneficente Hope For Haiti Now: A Global Benefit for Earthquake Relief, que contou com a apresentação do astro de *Crepúsculo* Robert Pattinson. Outras celebridades se reuniram também em Los Angeles e Nova York, que sediaram as outras etapas do evento. George Clooney foi o apresentador em Los Angeles e Wyclef Jean conduziu o programa nova-iorquino.

A faixa emplacou o 16º lugar entre as mais tocadas nos Estados Unidos, foi número 41 no Reino Unido, número 3 na Irlanda, número 10 na Áustria, número 14 na Dinamarca e número 39 na Bélgica. O dinheiro arrecadado com as vendas do single e com a maratona de programas de TV foi destinado a diversas instituições beneficentes atuando no Haiti, como o Oxfam America, o Unicef e o Partners in Health.

Em 27 de janeiro de 2010, uma menina muito especial de nome Jasmina perdeu a batalha contra a leucemia e veio a falecer. Rihanna era muito próxima da menina e ficou profundamente abalada com sua morte. A cantora fora uma das celebridades a lançar a campanha em busca de um doador de medula compatível para salvar Jasmina. Rihanna amava a energia de Jasmina e o fato de que ela estava sempre sorrindo.

Quando saiu a notícia da morte, a cantora divulgou uma declaração que dizia: "Eu estou tremendamente abalada com o falecimento de Jasmina. Ela era uma menina muito corajosa e muito especial".

"Jasmina me mostrou mais força e nobreza de espírito do que muitos adultos que eu conheci. Eu me sinto abençoada por ela ter passado pela minha vida e sei que, com o seu exemplo, essa menina salvou muitas vidas. Jasmina era realmente um anjo trazido à terra."

O caso da menina comoveu muita gente, inclusive o presidente Obama. Ele também divulgou um pronunciamento por ocasião de sua morte, que dizia: "É com grande tristeza que Michelle e eu prestamos nossas condolências pelo falecimento de Jasmina Anema".

"Jasmina demonstrou uma coragem tremenda diante da adversidade, e a sua capacidade de manter o otimismo durante a batalha foi uma inspiração para mim e para todos cujas vidas se cruzaram com a dela."

"Como pais de duas meninas, nós partilhamos especialmente a dor sentida pela dedicada mãe de Jasmina, Thea. Nossos pensamentos e orações estarão com ela e com todos os que conheceram e amaram Jasmina."

Um mês depois, Rihanna tomou a decisão de fazer mais por todos aqueles que enfrentam a batalha contra a leucemia. Ela queria arrecadar fundos para o DKMS, o maior centro de doação de medula óssea do mundo, e pediu ao Pepsi Refresh Project uma doação de US$ 25 mil para a instituição. A Pepsi já concedera um total de US$ 20 milhões em doações, nesse projeto que funcionava a partir de mensagens do público indicando causas e organizações beneficentes que em sua opinião merecessem receber recursos financeiros. O objetivo de Rihanna e do DKMS era "ampliar a conscientização sobre o impacto das variações de câncer que atingem o sangue, como a leucemia, ajudar as 10 mil pessoas que aguardam todos os anos na fila dos transplantes de medula óssea, ajudar os 70% de pacientes que dependem de doadores de fora dos seus círculos familiares e recrutar e registrar cerca de 4 mil novos doadores de medula óssea".

Rihanna foi a mestra de cerimônias da festa de lançamento do projeto, ocorrida no dia 5 de fevereiro de 2010 no LIV Nightclub, em Miami Beach. Sua proposta conseguiu os votos necessários para que os recursos fossem liberados pela Pepi. O Pepsi Refresh Project convida as pessoas a enviarem uma sugestão de doação, promovê-la e submetê-la à votação do público, e as sugestões que conquistam a margem de votos necessária recebem os recursos.

Rihanna sempre usará sua fama para ajudar a quem precisa e continuará sendo a porta-voz dos pacientes que aguardam transplantes. Ela nunca vai desistir, porque é movida pelo desejo de salvar as vidas das pessoas.

Depois de ter iniciado o ano de 2010 com dois singles beneficentes, Rihanna voltou ao disco *Rated R* e lançou "Rude Boy". Essa música foi mais uma parceria entre a cantora, a equipe Stargate, Ester Dean, Makeba Riddick e Rob Swire, e chegou ao mercado no dia 19 de fevereiro.

A música traz elementos do *dancehall* e do *ska* e foi aclamada tanto pelos fãs quanto pela crítica. Nos Estados Unidos, a faixa se transformou no single campeão de vendas do álbum *Rated R* e ficou no topo das paradas de sucesso durante cinco semanas. Ela também foi a número 1 na Austrália e na Bulgária, número 2 no Reino Unido e na Eslováquia e número 3 na Irlanda, Nova Zelândia, Noruega, Dinamarca, Bélgica e Hungria.

O videoclipe teve a direção de Melina Matsoukas, que já comandara as filmagens de "Hard", mas dessa vez ela decidiu que queria criar um clima do *dancehall* jamaicano para "Rude Boy", e definitivamente conseguiu isso. O clipe foi o primeiro de Rihanna a ser filmado com o recurso da tela verde ao fundo, que permite a inserção de elementos gráficos depois. Nas cenas em que aparece dançando em cima do leão e da zebra, a cantora precisou usar a imaginação para visualizar como o resultado final apareceria aos olhos do público. Rihanna teve a chance também de exibir suas habilidades de dançarina reproduzindo passos famosos do *dancehall* dos anos 90, como o "Passo da Borboleta" e o "Bogle".

As filmagens aconteceram em Hollywood, Los Angeles. Rihanna se divertiu muito no processo, já que o clipe teve um clima bem menos *dark* do que o de seus trabalhos anteriores. Ela gostou muito da ideia do clipe e declarou à MTV numa entrevista: "É muito colorido, um clipe com clima de *pop art*".

"Nós filmamos diante de uma tela verde. Tudo que vocês veem foi feito na pós-produção. O resultado é cheio de cor, cheio de energia, e foi muito inspirado nas minhas raízes caribenhas. Eu amo o reggae. Como [Rude Boy] é uma expressão jamaicana, os figurinos foram inspirados nas divas do *dancehall*. É um vídeo bem divertido, acho que o mais divertido que já fizemos até hoje."

Uma das compositoras de “Rude Boy”, Makeba Riddick, revelou à revista *Us* como a música surgiu: “Rihanna e eu trabalhamos muito em parceria com a Stargate – aquela dupla de produtores noruegueses. Eles já tinham a canção esboçada, um começo de trabalho feito com outra compositora, Ester Dean. Foi dela que partiu a ideia inicial, na verdade, mas a canção não estava pronta e Rihanna quis modificar alguns elementos, então eu entrei no projeto para arrematar esses detalhes. Eu comecei a ouvir a letra e nós duas, eu e RiRi, ficamos rindo e comentando diversas situações que já nos aconteceram e que acontecem com mulheres de todos os lugares. Até terminarmos o trabalho, nós não paramos de rir da letra – foi uma surpresa quando todo mundo caiu de amores pela música”.

Makeba ficou mesmo surpresa quando “Rude Boy” emplacou o 1º lugar nas paradas musicais, e só descobriu isso quando começaram a pipocar mensagens de parabéns em seu Twitter. Num instante, a faixa estava com o 4º lugar, e no minuto seguinte pulou para o 1º. Rihanna ficou ainda mais empolgada com o sucesso, porque ela havia escrito a maior parte da letra e considerava a canção a mais forte do disco.

O clipe de “Rude Boy” foi indicado ao prêmio de Melhor Edição de Vídeo do MTV Video Music Awards de 2010, mas acabou sendo vencido por “Bad Romance”, de Lady Gaga, dirigido por Jarrett Fijal.

FELIZ ANIVERSÁRIO, RIHANNA!

Rihanna completou 22 anos no dia 20 de fevereiro de 2010, mas a comemoração aconteceu cinco dias antes na Austrália. A cantora estava lá para promover o disco *Rated R,* e a revista *WHO* organizou uma grande festa de aniversário para ela. A lista de convidados tinha duzentas pessoas, desde os astros da série de TV local *Home and Away* Luke Jacobz, Tessa James e Esther Anderson, até Jermaine Jackson e a vencedora do programa *So You Think You Can Dance* Talia Fowler. O bolo era coberto com uma padronagem de zebra e tinha um feixe de estrelas brilhantes.

Os convidados foram mimados com canapés finos, mas Rihanna decidiu não experimentá-los porque iria para um jantar italiano depois da festa. Ela estava deslumbrante com um minivestido *nude* da grife Boudoir D'Huitres, e disse à reportagem da *WHO* que seus estilistas favoritos na Austrália eram da Sass & Bide (Sarah-Jane Clarke e Heidi Middleton). Durante os três dias que passou no país, ela também foi flagrada usando jeans da marca Sass & Bide.

Rihanna ficou feliz com a decisão de ter guardado seu apetite para o jantar, porque mais tarde declarou que a comida do restaurante italiano Beppi's foi a melhor que degustou no país. Entretanto, ela não foi a primeira celebridade a brindar ao talento do chef Giuseppe Polese: Pink havia estado no restaurante no mês de agosto do ano anterior e escrevera no livro dos visitantes que eles precisavam se transferir para Los Angeles. A equipe do estabelecimento enviou em troca um livro de receitas que foi adotado por Pink em suas experiências culinárias. E Pink e Rihanna não foram as duas únicas clientes famosas a passarem pelas mesas do Beppi's: desde que abriu as portas, o restaurante já serviu Frank Sinatra, o astronauta Neil Armstrong e o astro de *Piratas do Caribe* Geoffrey Rush.

Durante a sua estadia na Austrália, Rihanna também visitou o Aquário de Sydney e fez um passeio de barco nas imediações do porto da cidade.

Quando a viagem terminou, Matt recebeu a estrela de volta com uma grande festa de aniversário em Phoenix no sábado seguinte. Ela sabia que o namorado andava planejando alguma coisa, mas achou que seria uma comemoração só para os dois e os amigos mais próximos. Matt contratou um chef jamaicano para cuidar da comida e os convidados foram brindados com uma seleção de *cupcakes* divinos. Consta que o atleta levou um mês inteiro planejando os detalhes da festa e garantindo que tudo saísse perfeito para RiRi. Alguns dos seus amigos do Phoenix Suns também prestigiaram o evento.

O bolo de aniversário foi exclusivo e personalizado e contava com a reprodução dos desenhos de todas as tatuagens de Rihanna. Ela desfilou pela festa com um ar contente e relaxado e curtiu a pista de dança a noite toda, usando uma coroa de brinquedo na cabeça. Na noite anterior, o casal saíra com amigos para o clube noturno Revolver, e depois da comemoração do sábado os dois aproveitaram para relaxar e saborear um *brunch* tranquilo entre amigos.

Há quem diga que Matt deu à amada um colar de diamantes, mas essa notícia não teve confirmação oficial.

O fim de semana em Phoenix foi uma oportunidade que Rihanna teve para relaxar e se divertir. O clima estava completamente diferente do que reinara no aniversário anterior, de 21 anos, ocorrido pouco depois do episódio da agressão. Na ocasião, a gravadora optou por cancelar a festa que estava organizando, e a estrela celebrou a data indo ao cinema com alguns poucos amigos. No dia seguinte, embarcou para o México para uma rodada de muita diversão, embora conste que tenha exagerado tanto na bebida que não se lembra de nada do que aconteceu por lá.

Rihanna confessou à *I-D:* "A maior bebedeira que eu já tomei são meus amigos que podem contar a vocês, porque eu não tenho lembrança nenhuma. Aconteceu no México, quando eu completei 21 anos. Nós fomos de barco até uma ilha isolada – um lugar tão remoto que não circulam carros por lá, não há escolas, você só pode chegar e sair de barco. Mas nessa ilha há um povoado, e os moradores me deram *moonshine* para beber [bebida alcoólica de destilação caseira]. Veio direto do alambique, eles encheram uma garrafa e me levaram para beber".

"Eu já tinha ouvido falar que o *moonshine* era matador, que acabava com você, e falei: 'Tudo bem, me deem uma dose desse terrível *moonshine*'. Tomei a tal dose – e nada. Fiquei muito desapontada. Tomei mais uma – nada. Oito doses mais tarde – nada ainda! Uma hora depois eu voltei com o barco, peguei meu carro, voltei para casa, entrei na piscina, joguei um pouco de vôlei na água. E não me lembro de como saí da piscina. Quando acordei, estava usando outra roupa. E uma roupa de baixo diferente. Como assim? E como eu tinha ido parar na minha cama?"

Ela revelou também o seu drinque favorito: "Eu gosto de uísque Jameson com *ginger ale*. Na verdade, os destilados escuros são os únicos que não me dão ressaca. Não é sempre que eu tenho ressaca, mas, se tiver, certamente será depois de ter bebido vodca".

Alguns dos amigos mais próximos de Rihanna deixaram mensagens de parabéns pelos 22 anos em seu site oficial.

A cantora Shontelle, amiga e antiga sargento do pelotão de cadetes, escreveu: "O número 22 agora fica mais especial, porque representa o tempo em que o mundo vem sendo abençoado desde o seu nascimento. Eu tenho muito orgulho de você, Estrela do Rock! Você é a maioral da cidade. Continue mandando cada vez melhor! E continue linda por dentro e por fora. Feliz aniversário, Robyn!".

Evan Rogers e Carl Sturken, os responsáveis por revelar a estrela ao mundo, escreveram: "Parece que foi ontem que comemoramos os seus 17 anos e a conquista do primeiro contrato com uma gravadora quase ao mesmo tempo... Você avançou tanto e cresceu tanto nesse tempo que não poderíamos estar mais orgulhosos... FELIZ NÍVER!!!".

E o conterrâneo e também cantor Hal Linton acrescentou: “Feliz aniversário, Rih! Mando toda a energia positiva e tudo de bom, e desejo que você tenha sempre mais”.

Rihanna também recebeu milhares de mensagens dos fãs. Eles enviaram cartões, presentes e cadernos de recortes que fizeram em sua homenagem.

MODA

Rihanna adora o mundo da moda, e quando era mais nova os seus ícones de estilo eram Mariah Carey, Madonna e Marilyn Monroe. Os figurinos dos videoclipes são sempre escolhidos para impressionar, assim como o que a cantora veste em cerimônias de premiação, eventos... e até quando sai para fazer compras. Ela gosta que as roupas sejam uma extensão da sua personalidade e de como está se sentindo no momento, mais do que fantasias criadas só para chocar e provocar comentários nas colunas sociais. No total, Rihanna é dona de 1.500 pares de sapatos – ela definitivamente é alguém que não tem desculpa para sair com sapatos que não combinem com o vestido!

A estrela admitiu para a revista *InStyle:* "Eu sou louca por moda desde pequena, sempre vasculhei todas as revistas internacionais, mas quando era criança me vestia como um menino. Vivia pegando as calças largas do meu irmão e os tênis dele. E mesmo hoje eu gosto de usar toucas, jeans, *boots* de cano alto até os joelhos. E vou brincando com a parte de cima: pode ser uma T-shirt largona, uma camiseta de tecido mais fino ou então uma jaqueta. Eu amo jaquetas! Tenho um milhão delas".

Mas a predileção por acessórios mais ousados às vezes pode causar problemas. A cantora declarou ao *Daily Telegraph:* "No evento Fashion's Big Night Out, eu estava com uma pulseira cheia de espetos. Fui encontrando muitos conhecidos, e todo mundo que eu ia abraçar se encolhia e se esquivava. Eu precisei dar uns quatro [abraços] até perceber o que estava acontecendo. Isso sem falar no brinco que estava furando o meu ombro. Era um perigo!".

Rihanna estava deslumbrante no evento, com um minivestido preto de capuz assinado por Alexander Wang e óculos escuros decorados combinando com a pulseira.

Ela revelou ao SugarScape: "Em se tratando de moda, as coisas mais simples como uma estrela ou uma flor podem ser a sua inspiração. Eu estou curtindo muitas coisas ligadas à natureza e às cores no momento, coisas mais expressivas mesmo".

"Costumo vestir muita coisa da Stella McCartney, porque tudo o que ela faz é genial – é uma grande estilista."

RiRi conversou com a revista *Elle* sobre outros estilistas que admira e confessou: "Está muito claro que há menos mulheres negras no circuito da alta costura. Uma das coisas que eu admiro na Gucci é o fato de eles terem me chamado para fazer uma campanha. Eu sou uma garota negra que fez uma campanha para a Gucci – isso é um marco importante. Os estilistas que não têm medo de ousar ganham o meu respeito. Fui a um desfile do Jean Paul Gaultier e vi modelos com mais corpo do que eu, lindas, voluptuosas e de etnias diferentes. Isso me deixou empolgada, pensando que o caminho é por aí".

RiRi admira o estilo de Victoria Beckham e disse ao jornal *Sun:* "Eu adorei a linha da Victoria Beckham, é muito feminina e muito elegante". Ela disse gostar da energia que a estilista investe na criação de seus vestidos, acessórios e calças de alfaiataria, acrescentando: "É tudo muito sexy, com um corte impecável. A coleção é assim. Certamente ela investiu muita energia ali".

A nossa cantora favorita sempre foi a favor de assumir riscos quando o assunto é moda. Ela gosta de arrematar peças inusitadas quando vai às compras e de usá-las para criar um visual original. Ela prefere os vestidos na altura dos joelhos e que realcem suas curvas e costuma usar também minivestidos de mangas longas. A cantora não é o tipo de celebridade que usa as roupas uma vez só, ela gosta de fazer valer o dinheiro que investe nelas. A peça favorita

AMERICAN
MUSIC
AWARDS
2009
dick clark
productions
AMERICAN
MUSIC
AWARDS
2009

do seu guarda-roupa em geral são as jaquetas, porque elas têm o poder de transformar completamente um *look*.

No quesito sapatos, ela curte *ankle boots* e tênis e costuma preferir os jeans de corte mais masculino, como revelou à revista *Seventeen:* "Para usar no dia a dia, eu gosto de calças jeans que supostamente teriam uma modelagem *skinny*, só que não tão justas. Eu gosto de um jeans mais masculinizado, então uso calças um manequim ou dois acima do meu e que ficam um pouco frouxas. Já para sair eu escolho jeans de corte mais estruturado, porque valorizam as minhas pernas".

"Eu sou louca por tênis, e o meu modelo favorito é o Blazer, da Nike. Eu não gosto muito dos de cano curto, mas usar tênis de cano longo com calça *skinny* faz os seus pés parecerem enormes. O Blazer, no entanto, é um modelo que cai bem nos pés femininos, principalmente com calças *skinny*."

Pode parecer que Rihanna encarna a imagem perfeita do glamour o tempo todo, mas quando ela está a bordo do ônibus em suas turnês é o conforto que fala mais alto: os saltos dão lugar a pares de tênis e os moletons e pijamas entram em cena. A mala pessoal da cantora, aliás, é relativamente leve, já que todos os figurinos de palco ficam a cargo de outros membros de sua equipe.

APRESENTADA AOS PAIS

O relacionamento entre Rihanna e o namorado Matt Kemp passou para um novo patamar em março de 2010, quando RiRi foi apresentada à família do atleta. Ela acabara de fazer uma apresentação na cerimônia de premiação do Echo Awards, na Alemanha, mas decidiu voar até o estado americano do Arizona para ficar ao lado de Matt num evento apresentado por ele chamado "Ante Up For Autism", destinado a levantar fundos para a organização TACA (cuja sigla significa "Falando Sobre a Cura Para o Autismo"). O lema deles é: "Famílias com autismo ajudando famílias com autismo". A decoração da noite seguiu a temática dos cassinos, e o casal saboreou junto o jantar, os drinques e aproveitou a pista de dança.

Havia boas chances de Rihanna não conseguir comparecer ao evento por causa de sua agenda lotada, mas ela fez questão de estar presente ao lado de Matt. O atleta tem um irmão autista, portanto, era seu interesse pessoal conseguir arrecadar o máximo de doações possível para a causa. E ele alcançou sua meta: o resultado da noite foram US$ 170 mil em doações. Essa é uma soma impressionante, considerando que apenas 150 pessoas estiveram presentes. Rihanna também aproveitou a oportunidade para conhecer os pais de Matt antes de iniciar a sua turnê "Last Girl on Earth".

A data marcada para o primeiro show era poucas semanas mais tarde, e Rihanna estava envolvida com os preparativos: ela queria garantir que sua apresentação fosse o melhor show já visto pelos fãs, e para isso seriam necessárias longas horas de ensaios. No meio de tudo, apareceu um convite para participar do programa *American Idol* – uma oportunidade que não poderia ser deixada de lado.

Para a maioria das atrações, a perspectiva de subir ao palco do *American Idol* e se apresentar diante de 20 milhões de telespectadores seria motivo de nervosismo, mas Rihanna não se deixou abalar. Na verdade, ela andava com a agenda tão cheia que não teve tempo de ensaiar com antecedência um número especial para o programa e precisou criar alguma coisa de improviso durante o limitado tempo de ensaio já no palco da atração. A estrela decidiu apresentar a música "Rockstar 101", prevista para ser lançada em maio de 2010, e escolheu como figurino um *body* preto que combinou perfeitamente com a canção.

Rihanna sentiu-se à vontade para confirmar ao apresentador Ryan Seacrest que estava namorando Matt, mas tentou passar a impressão de que o relacionamento não era tão sério assim. Nas palavras da cantora: "Ele é meu namorado e, sim, é uma história nova e que está sendo divertida. Não é nada muito sério. Eu não quero me ocupar com nada que vá tomar muito da minha energia e do meu tempo no mau sentido. Só quero me divertir, e esse relacionamento tem servido para isso".

Mas Rihanna não era a única que andava ocupada com os preparativos para a turnê – a equipe inteira da cantora também se mobilizou em torno do mesmo objetivo. A estilista Mariel Haenn foi uma das cerca de 30 pessoas responsáveis por montar os diversos figurinos que Rihanna e os dançarinos usariam no show. Esse time precisou criar painéis de referências, reunir amostras de tecidos que consideravam interessantes e rascunhar as primeiras ideias dos modelos para que a cantora e seus assessores mais próximos avaliassem o que lhes agradava (e o que não agradava). Os figurinos precisariam combinar com as diversas músicas apresentadas e ser fáceis de vestir e tirar para as rápidas trocas de roupas exigidas na programação.

Mariel explicou o seu trabalho para a equipe do site thisismax.net um pouco antes do início da turnê. Ela disse: “Rihanna, a banda, os dançarinos e as cantoras dos *backing vocals* devem usar figurinos especiais, criados para expressar o clima das músicas e combinar com elas. Isso significa 5 partes, 22 canções, 6 trocas de roupa completas e 9 acréscimos de acessórios para Rihanna, 11 trocas para 9 dançarinos, 5 trocas para duas cantoras de apoio e assim por diante... Ah, e cada traje precisa ter um igual para ficar de reserva – isso significa trabalho em tempo integral por semanas a fio, e gera como resultado um guarda-roupa com cerca de 200 trajes que precisam estar prontos para viajar em dois dias. Eu trabalho com Ri desde os tempos de “Umbrella” e posso dizer que fico impressionada com essa equipe e orgulhosa dela. Esse show vai ser incrível, eu mal posso esperar para ver. A cada dia, mais peças do grande quebra-cabeça vão se encaixando, das coreografias às montagens em vídeo para os telões do palco, dos elementos de cena e da iluminação até, é claro, os figurinos. Eu estou ansiosa pelo início da turnê”.

A terceira turnê da carreira de Rihanna se iniciou no dia 16 de abril de 2010 e ficou na estrada até 12 de março de 2011. Ela foi batizada de “The Last Girl on Earth” e teve alcance mundial, passando por 73 localidades. Rihanna escolheu esse nome porque gosta de pensar em si mesma dessa maneira, como “a última garota da face da Terra”. Ela explicou à equipe do *Entertainment Tonight:* “Às vezes as pessoas tomam decisões baseadas no ponto de vista dos outros, mas, para mim, a minha vida é só minha. É o meu caminho e eu vou vivê-lo da maneira como eu decidir. É assim que eu penso com relação a todas as coisas; e é assim que consigo manter o foco em mim mesma e no meu trabalho. É uma perspectiva bem estreita mesmo, bem focada”.

Rihanna havia aprendido muito com as experiências da sua “Good Girl Gone Bad Tour” e estava determinada a fazer com que a nova turnê fosse ainda melhor que a anterior. Ela declarou ao portal de internet AOL, antes do início da maratona de shows: “[Nós] nunca fizemos uma turnê dessa dimensão. A produção está incrível, e os figurinos são algo que nunca se viu antes. Tanto no aspecto visual quanto no sonoro, será um grande avanço com relação à turnê anterior. Nós estamos crescendo sempre, e desta vez vamos apresentar uma produção imensa que mal posso esperar para pôr na estrada".

A turnê foi organizada por Jamie King e Simon Henwood, o diretor criativo da equipe de Rihanna. Os shows de abertura dessa vez ficaram a cargo de Tinie Tempah, Tinchy Stryder, Pixie Lott, Travie, Ke$ha, DJ Daddy K, Vitaa, Vegas, DJ Ross Rosco, J Brazil, Alexis Jordan, Far East Movement e Calvin Harris.

Rihanna apresentou-se envergando criações de diversos estilistas, incluindo o francês Alexandre Vauthier. Ele concebeu o traje de luzes de LED com que ela sobe ao palco no início do espetáculo, e a cantora muitas vezes é vista com roupas assinadas por Vauthier em sessões de fotos e eventos diversos. O minivestido *nude* de mangas longas que aparece no videoclipe de "Russian Roulette" e o *body* preto da foto da capa do single "Hard" também são criações de Vauthier.

Rihanna adora ficar em dia com as tendências da moda, e é a segunda maior cliente da loja de departamentos de grife Barneys New York.

Para a maior parte dos shows da turnê, o *set list* seguido foi:

1. "Mad House" (em vídeo)
2. "Only Girl (In the World)"
3. "Hard"
4. "Shut Up and Drive"
5. "Fire Bomb"
6. "Disturbia"
7. "Untitled I" (em vídeo)
8. "Rockstar 101"
9. "S & M"
10. "Rude Boy"
11. "Hate That I Love You"
12. "Love the Way You Lie Part II"
13. "Unfaithful"
14. "Te Amo"
15. "What's My Name?"
16. "Pon de Replay"

17. "Untitled II" (em vídeo)
18. "Don't Stop the Music"
19. "Breakin' Dishes"
20. "Let Me"
21. "S.O.S."
22. "Take a Bow"
23. Bis:
24. "Untitled IV" (em vídeo)
25. "Wait Your Turn/ Live Your Life/ Run This Town" – *medley*
26. "Umbrella"

Existem artistas que encarnam divas quando estão em suas turnês e fazem as exigências mais absurdas, mas Rihanna não se comporta dessa maneira. Há notícias de astros que exigem reformas dos camarins, filhotes de cachorro com que possam brincar, mesas de bilhar, espelhos de corpo inteiro, assentos novos nos toaletes e comidas e bebidas especiais. Rihanna prefere a simplicidade – seus camarins têm apenas velas e incenso.

O guitarrista que acompanhou a cantora nessa turnê foi Nuno Bettencourt, cantor e compositor conhecido por seu trabalho com o grupo Extreme. De modo geral, a música de Rihanna não costuma ter o som das guitarras tão destacado, mas ela quis uma levada mais rock'n'roll nos shows ao vivo, e para conseguir isso precisou de um guitarrista de talento. Nuno era a pessoa certa para a função, e por não estar ocupado com o Extreme na época da turnê pôde mergulhar nela com dedicação integral. O artista sabia que seria um desafio e algo diferente de qualquer coisa que já fizera, como explicou ao jornalista e *metaleiro* Carl Begai: "Ela queria alguém que tivesse uma pegada mais próxima do rock, o que significa que se eu aceitasse a empreitada teria que fazer basicamente o que já faço o tempo todo. Eu achei que seria interessante misturar o meu estilo de guitarra à música dela, que seria divertido, então resolvi topar. Está sendo legal. Eu não teria me interessado se não fosse para ter a chance de ser eu mesmo no palco. De todo modo, está sendo um desafio, porque temos um *set list* de 24 a 25 canções e cada uma requer uma levada de guitarra diferente. Num momento eu estou tocando pop e tentando pesar um pouco mais a mão, e em outro tenho que tocar funk e R&B, baladas mais lentas, acompanhar canções ao piano e até usar umas pitadas de música flamenca, o que deixa o trabalho bem interessante. E tenho me sentido mais à vontade do que achei que me sentiria".

As músicas que Nuno mais gostou de tocar foram "Let Me" e "S.O.S.", que nos shows ficaram bem diferentes das versões que aparecem nos discos. Ele teve que lidar com críticas de alguns fãs do seu grupo pela parceria com Rihanna, mas não se deixou abalar – para o artista foi um prazer pegar a estrada com a cantora e experimentar um trabalho diferente.

Abril foi um mês importante para Rihanna, porque ela pôde finalmente começar a sua turnê em companhia de Nuno e dos outros músicos e dos dançarinos e curtir a sensação de se apresentar todas as noites para os fãs, como gosta de fazer. Nas primeiras duas semanas da turnê, os shows aconteceram na Bélgica, Holanda, Suíça, França e Alemanha, e o duro trabalho de preparação enfim teve a sua compensação: os fãs europeus adoraram o novo espetáculo.

Um desastre quase aconteceu por causa do incidente que se seguiu à apresentação da cantora na Suíça. Era apenas a terceira parada da turnê. Rihanna estava sentindo dores tão fortes nas costelas que precisou ser levada às pressas para ser examinada numa clínica particular. Mas, para a sorte de todos, não foi detectada uma fratura ou nada mais grave que fosse impedir a apresentação do dia seguinte em Lyon, na França. Rihanna demonstrou profissionalismo ao decidir fazer o show francês, pois muitos artistas teriam se sentido tentados a cancelar o compromisso e tirar alguns dias de folga para se recuperar.

E foi bom que o desfecho tenha sido positivo porque, concluídos os shows na Europa, Rihanna já começaria a pensar na etapa norte-americana da sua turnê que se iniciaria em julho.

Uma leitura das resenhas da turnê "Last Girl on Earth" saídas na imprensa do mundo todo mostra que os críticos ficaram claramente impressionados com o progresso mostrado por Rihanna e com a maneira como os shows desenvolviam os temas do disco. Mikael Wood, da revista *Rolling Stone,* foi à apresentação de Los Angeles, na qual Rihanna teve a companhia de Eminem no palco. Em sua resenha, ele escreveu que a cantora conseguiu "prender a atenção do público ao longo de uma apresentação de quase duas horas cheia de trocas de roupa, intervenções em vídeo e elementos de cena complicados como os vistos durante a música 'Te Amo', na qual dois acrobatas em trajes reveladores faziam evoluções pendurados em metralhadoras gigantescas. As alusões militares estão muito presentes, desde o tanque cor-de-rosa em que Rihanna monta durante a canção 'Hard' até as máscaras antigás utilizadas pelos dançarinos que a acompanham em 'S.O.S.'. A agressividade parece ser um tema onipresente: perto do fim de 'Shut Up and Drive', Rihanna puxou uma garota da fila do gargarejo, entregou-lhe um porrete e lhe deu carta branca para detonar o carro velho que apareceu sobre o palco. A cantora também contou com a guitarra de Nuno Bettencourt, do Extreme, que deu um tom bem mais *hard rock* à música".

A crítica do *Boston Globe* Sarah Rodman comentou: "Mesmo em meio ao circo reluzente armado no palco, Rihanna, embalada numa onda de figurinos fúcsia e alternando meia dúzia de *bodies* superjustos, pairou soberana no olho do furacão, transbordando charme. Os dançarinos giraram à sua volta em espasmos tribais (Don't Stop the Music), acrobatas evoluíram pendurados em grandes armas cromadas (Te Amo), monstros de pernas de pau espreitaram com ar ameaçador (Disturbia) e a cantora até arriscou alguns *licks* de guitarra (Rockstar 101)".

Rihanna é uma companheira de trabalho tão tranquila que muitos dos dançarinos da trupe já a acompanham há muitos anos. Bryan Tanaka começou com ela em 2005, participou do clipe da música "Umbrella" e está na turnê atual – embora tenha ficado afastado da equipe da cantora por um período nesse meio-tempo. Ele é professor de dança e já trabalhou com o grupo Destiny's Child, com Mariah Carey e Beyoncé.

Tanaka foi entrevistado pelo Rihanna Daily, o site oficial do fã-clube da cantora, e descreveu como é ser um dançarino da trupe da estrela dizendo: "O melhor de trabalhar para Rihanna é que ela é a pessoa mais gentil, inteligente e simples que você pode imaginar. Isso sem falar na sua beleza estonteante".

"O lugar mais interessante onde nos apresentamos juntos foi Abuja, na Nigéria. A apresentação foi um pouco caótica, por conta da falta de preparo dos organizadores locais, apesar de que o momento em que Jay-Z subiu ao palco com Rihanna compensou tudo. Para completar a confusão, metade da nossa equipe ficou presa na cidade dois dias além do previsto, e eu acabei ficando de fora do show seguinte por causa disso!"

Ele também revelou: "O momento mais engraçado que eu já vivi com Rihanna foi no nosso último show da primeira turnê europeia. Nós fizemos um monte de piadas e brincadeiras uns com os outros no palco. Quando eu e Julius aparecemos vestidos de faraós egípcios em "Question Existing", nós a fizemos começar a rir no meio da música!".

Alguns dos dançarinos e coreógrafos que trabalham com Rihanna pertencem à agência de talentos Bloc. Os responsáveis pela agência postaram a seguinte mensagem em seu site oficial, quando foram procurados para fazer parte da turnê "Last Girl on Earth": "A coreógrafa da Bloc Tanisha Scott, juntamente com Luther Brown e Hollywood, estão nesse momento em Los Angeles coreografando a próxima turnê de Rihanna. Parabéns aos dançarinos Chase Benz, Khasan Brailsford e Whyley Yoshimura, que estarão no palco com Rihanna para as suas apresentações que se iniciam na Europa em meados de abril!".

Tanisha Scott é uma talentosa coreógrafa e dançarina vinda do Canadá, mas que tem origens jamaicanas. A sua fama como coreógrafa se iniciou com o trabalho que fez no videoclipe da canção de Sean Paul "Gimme The Light", de 2001, e de lá para cá ela teve a oportunidade de coreografar muitos outros clipes de música, além de aparecer como dançarina em trabalhos de Ne-Yo, Ludacris e Ciara. Para a sua turnê "Last Girl on Earth", Rihanna contou com onze outros coreógrafos e consultores além de Tanisha, todos sob a direção geral de Jamie King.

Os dançarinos que trabalham com Rihanna são os melhores entre os melhores, e todos provaram que têm cacife para dividir o palco com a estrela. Individualmente, já trabalharam com P. Diddy, Britney Spears, Janet Jackson, Alicia Keys, Beyoncé e muitos outros artistas de primeira linha. A trupe que acompanha a cantora se transformou em sua segunda família, juntamente com os estilistas, motoristas e o pessoal da gravadora.

Bryan Tanaka pode ter adorado o show de Abuja, na Nigéria, mas Rihanna elegeu os shows na Austrália como os seus preferidos. Ela declarou ao *Sunday Herald Sun:* "Austrália e Nova Zelândia foram os meus lugares preferidos, as etapas preferidas da minha última grande turnê - foi tudo incrível por lá –, e nós com certeza voltaremos para mais shows".

"Para alguém que vem de Barbados, as semelhanças culturais são muitas. Mas essa será uma turnê gigantesca em termos do seu impacto visual e da impressão que vai deixar nas pessoas, e os figurinos estão muito legais."

Rihanna talvez seja uma das mulheres mais atraentes do mundo, mas até ela tem seus dias ruins. Há momentos em que está se sentindo muito feia e não tem vontade de posar para fotos, como revelou à revista *More!*: "Todo mês tem um dia em que acordo feia; o rosto se enche de espinhas, me sinto gorda e fico de mau humor. Só um dia, não; está mais para uma semana!".

Os fãs de Rihanna seriam obrigados a discordar - eles nunca veem a estrela com a aparência ruim, afinal –, mas compreendem que toda mulher tem os seus momentos de insegurança. De qualquer maneira, RiRi nunca foi gorda na vida, e a maioria das mulheres adoraria ter um corpo como o dela. Na época do lançamento de "Pon de Replay" as suas formas eram mais enxutas, mas isso é porque a cantora tinha só 17 anos, e o corpo muda quando uma menina se torna mulher. Quando estava começando a carreira na indústria da música, Rihanna reservava um tempo na agenda para a prática do pilates. Ela andava com um DVD de exercícios por toda parte e procurava fazer pelo menos três sessões a cada semana. O pilates ajudou Rihanna a melhorar a resistência física, a força e a flexibilidade, fatores que devem ter se refletido em sua *performance* artística. Os exercícios também são uma boa válvula de escape para a tensão e ajudam qualquer pessoa a se sentir melhor consigo mesma.

RiRi confessou à *US Magazine* por volta dessa mesma época que em geral fazia apenas duas refeições ao dia. Pela manhã comia claras de ovo cozidas, bacon e uma torrada, e um prato de peixe com arroz compunha o seu almoço ou jantar. Além disso, completava o cardápio com uma barra de cereais. Suas palavras à revista foram: "Meu paladar nunca se acostumou aos vegetais porque eu não tinha o hábito de comê-los quando era criança". Hoje, Rihanna faz mais de duas refeições por dia por pura necessidade. A cantora gasta tanta energia que se não parasse para se reabastecer simplesmente acabaria desmaiando.

Sair em turnês ajuda Rihanna a manter a boa forma, porque ela precisa se apresentar por duas horas inteiras a cada vez sem perder o fôlego. E também porque tem que repetir a façanha noite após noite, durante semanas a fio. A amizade com os dançarinos deve ser vantajosa nesse aspecto, pois certamente eles lhe dão boas dicas de como se alimentar para manter o corpo funcionando a contento. Durante a turnê, o organismo de Rihanna precisa estar sempre no melhor do seu desempenho, e isso significa que a cantora tem que manter uma alimentação estritamente saudável. Essa parte é difícil para ela, que é boa de garfo. Ela admitiu para a revista *More!:* "Eu tenho me exercitado bastante e mantido uma dieta bem monótona – ovos cozidos, frutas, muita água e um pouco de frango. Bem, esta semana eu acrescentei algumas outras coisas, mas sempre em porções bem pequenas. E eu detesto vegetais. Detesto qualquer comida saudável, mas quem quer ver os resultados precisa se dedicar. Eu não tenho nem tomado bebida alcoólica no jantar depois que comecei essa dieta".

Mesmo quando não está no meio de uma turnê, Rihanna vive correndo de entrevista em entrevista e entrando e saindo dos estúdios de gravação. Ela precisa fazer muitas refeições em trânsito, e às vezes simplesmente tem que comer aquilo que está à mão no momento e pronto. A cantora adora Doritos sabor queijo nacho (assim como ama comidas apimentadas de maneira geral), e sempre se lembra de levar o próprio *chilli* quando sai para comer fora. Ela acha que uma pitada da pimenta vermelha dá um sabor especial a qualquer prato e revelou numa entrevista que a sua maquiadora e amiga Mylah Morales também é fã do *chilli*.

O restaurante preferido de RiRi só poderia ser o Giorgio Baldi, em Los Angeles. A casa abre todos os dias, exceto às segundas-feiras, e a cantora chega a comer lá cinco vezes por semana nos períodos em que está em casa. Ela gosta tanto dos pratos que eles preparam que não os troca pela comida preparada em casa ou por uma ida a outro restaurante qualquer. Os *paparazzi* sabem dessa sua preferência, portanto, sabem onde encontrá-la quando está na cidade. Mas ninguém tem permissão para perturbá-la durante as refeições: eles ficam esperando do lado de fora, prontos para clicá-la na saída.

Rihanna ama a culinária italiana e o seu prato favorito é o espaguete. Ela vem tentando aprender a falar italiano há algum tempo, com resultados não muito animadores – os compromissos profissionais não lhe deixam tempo para se dedicar ao programa do curso Rosetta Stone que ganhou de presente de Natal. RiRi sabe xingar em italiano, mas seus conhecimentos param por aí!

Rihanna vive ouvindo que é uma das mulheres mais *sexies* do planeta, mas reluta em aceitar o título. Ela disse à BBC Radio 1: "Eu me sinto muito lisonjeada e nunca me acostumo. Cada vez que ouço isso, recebo como um elogio. Eu tive que aprender a me soltar no que diz respeito à imagem da sensualidade, porque era mais inibida. Hoje eu me sinto mais tranquila e satisfeita com o meu corpo e já consigo aceitar as partes dele que não me agradam tanto. Há períodos em que fico inchada, em que fico um pouco maior e aumentam as covinhas nas coxas. Mas você precisa aprender a ser feliz com o que tem".

A revista *Playboy* já tentou convencê-la a posar nua algumas vezes. Até hoje, a resposta de Rihanna sempre foi "não", embora ela diga que não descarta essa possibilidade para o futuro – se e quando tiver vontade de fazer o ensaio. A estrela certamente iria querer um estilo mais elegante nas fotos, e jamais aceitaria posar por causa do dinheiro.

Em maio de 2009, Rihanna ficou arrasada depois que as fotos que havia tirado nua para um ex-namorado foram parar na internet. O episódio aconteceu pouco tempo depois que as imagens do seu rosto ferido também vazaram, o que fez RiRi se sentir ainda pior.

Ela confessou a apresentadores da rádio Hot 97, de Nova York: "Foi a pior coisa que poderia ter me acontecido. Eu já sentia como se a minha privacidade tivesse sido totalmente tirada antes [por ocasião do vazamento da primeira foto], e quando isso aconteceu eu pensei: 'Puxa, que ótimo, agora não tem mais nada que eles não saibam sobre mim e sobre minha vida particular'. Foi muito humilhante e muito constrangedor – principalmente ao pensar que minha mãe teve que ver aquilo".

RiRi decidiu que seria melhor contar pessoalmente à mãe antes que outra pessoa o fizesse, então enviou um buquê de flores a ela antes de relatar o que havia ocorrido. A ocasião não foi muito adequada, apenas dois dias antes do Dia das Mães. Mas Monica ama RiRi acima de tudo, e quando estourou o escândalo ela ficou ao seu lado para ajudá-la a enfrentar o momento difícil.

Algumas mulheres são capazes de ser muito cruéis e gostam de espalhar boatos maldosos sobre Rihanna por causa da inveja que sentem da admiração que os homens dedicam a RiRi. Elas dizem que a estrela usa roupas inadequadas e que dá mau exemplo para as meninas mais novas.

Rihanna sabe desses comentários, mas não se deixa abalar. Ela declarou à *GQ:* "As pessoas acham que eu exagero na sensualidade. Isso as incomoda por algum motivo. Garotas não gostam de ver outras garotas vestidas de maneira sensual. É meio intimidador mesmo – e não quero soar arrogante dizendo isso".

"Sempre vai haver alguém que desaprova aquilo que você faz. As pessoas têm as opiniões mais malucas sobre as coisas. Sobre as coisas que eu digo, as coisas que eu visto, os lugares aonde vou. É bobagem. É uma babaquice. Eu sou uma pessoa de 22 anos de idade. Não há nada de mau em ir a uma boate."

"As pessoas são hipócritas. Elas mal podem esperar para fazer comentários maldosos. A maioria vive infeliz consigo mesma. São mulheres que têm raiva de outras mulheres, mas que deveriam olhar para as próprias vidas. Muitas não têm coragem de encarar a si mesmas – elas não têm fibra para isso."

Rihanna vai continuar a investir no visual sexy, porque a deixa confiante e faz com que se sinta bem. Se escolhesse roupas pouco femininas, isso teria um impacto negativo sobre a sua *performance*, e os fãs reparariam na mesma hora. E já que o mundo da moda é uma de suas grandes paixões, ela vai sempre querer usar os últimos lançamentos das passarelas. RiRi sabe que a sua beleza não vai durar para sempre, então procura curtir o seu corpo como ele é hoje. De qualquer forma, ela consegue enxergar os dois lados da questão e já admitiu: "Figuras públicas podem se tornar uma aporrinhação. As pessoas me veem em muitos lugares, e sempre que me veem o meu bumbum está à mostra, ou meus peitos estão à mostra, e isso pode mesmo ser um pouco irritante, eu compreendo. Mas eu também preciso fazer o que me deixa feliz, o que tenho vontade de fazer".

Em maio de 2010, Matt Kemp admitiu publicamente o namoro com Rihanna. A cantora esteve presente para vê-lo e lhe dar o seu apoio em alguns jogos dos Los Angeles Dodgers, da mesma maneira que ele havia feito por ela. Semanas antes, ela havia falado publicamente sobre o relacionamento, e agora chegara a vez de Matt.

O atleta estava em um jogo beneficente de boliche em Los Angeles quando disse a um repórter da revista *Us:* "É isso aí! É a minha garota! Ela é uma pessoa divertida, adoro estar em companhia dela".

Rihanna não compareceu ao evento por conta de compromissos com a turnê, portanto, Matt estava ansioso para encontrar a namorada assim que ela tivesse um tempo livre. Ele declarou: "Ela vai passar algum tempo sem poder vir para cá. Rihanna é uma pessoa ótima que apareceu na minha vida, estou muito feliz por estar com ela".

Ao final de maio, a cantora lançou "Rockstar 101", o quarto single do disco *Rated R*. A faixa inclui um solo do guitarrista Slash, do Guns N' Roses, e foi composta por The-Dream e Tricky Stewart. O lançamento aconteceu no dia 25 de maio.

O videoclipe teve a direção de Melina Matsoukas, e Travis Barker, do grupo Blink-182, aparece como baterista da banda de rock da cantora. Ele chegou a dar algumas dicas para Rihanna sobre como mandar bem na bateria e declarou à MTV: "Ela é fantástica! Eu nunca vi ninguém pegar o jeito tão depressa ou ter um ouvido tão bom para ritmos e batidas, fiquei achando que ela poderia mesmo ser uma baterista". Além de aparecer no clipe trajando alguns figurinos bem sensuais, a cantora se veste como uma espécie de clone do Slash e aparece brincando com uma guitarra antes de destruir o instrumento em cena. Há também imagens de Rihanna usando uma coroa e coberta de tinta preta com o corpo enrolado em correntes, e da estrela vagando por uma floresta no meio da neve.

Quando as pessoas ouviram "Rockstar 101" pela primeira vez, ficaram impressionadas com o fato de o ex-guitarrista do Guns N' Roses ter participado da gravação. A cantora abordou Slash depois de um show beneficente do Black Eyed Peas para perguntar se ele teria interesse em uma parceria. Por conta da agenda atribulada de Rihanna, os dois não se encontraram no estúdio – as participações foram gravadas separadamente.

O plano original era que Slash aparecesse em pessoa no videoclipe, mas ele estava ocupado demais dedicando-se ao seu próprio trabalho e disse acreditar que "Rockstar 101" seria um sucesso com ou sem a sua aparição no clipe. Ele adorou o resultado final e enviou um texto a Rihanna com a sua opinião a respeito, como revelou mais tarde à MTV: "O clipe traz um elemento de sensualidade que provavelmente eu não seria capaz de evocar se estivesse ali. Eu acho que o resultado ficou bem sexy, e enviei um texto a Rihanna hoje de manhã dizendo que com certeza a cena ficou bem mais quente com ela do que teria ficado comigo. Tudo funcionou da maneira como deveria".

"Eu me sinto mais lisonjeado por ter sido interpretado por ela no clipe do que pelo seu convite para que eu participasse", declarou o guitarrista. "Além do mais, ela é bem legal."

Um disco com 12 versões *remix* da canção foi lançado no dia 25 de maio, cada uma gravada por um artista diferente.

Em junho de 2010, Rihanna fez o lançamento do single "Te Amo" do disco *Rated R* para os seus fãs no exterior. Composta pela própria Rihanna, pela equipe Stargate e por James Fauntleroy II, a faixa tem um título que tanto pode ser lido em português quanto em espanhol. É uma música que fala sobre desejo e conta a história de Rihanna sendo perseguida por uma admiradora do sexo feminino.

Slash

Ela ficou no 1º lugar entre as mais tocadas na Bulgária, conseguiu a 14ª posição no Reino Unido, o 9ª lugar na Suíça, 11º lugar na Alemanha e 14º lugar na parada de sucessos da Finlândia.

A resenha do Digital Spy deu quatro estrelas em cinco para a faixa, com um texto que dizia: "Um dos momentos menos ameaçadores do álbum *Rated R*, em "Te Amo" *La Fenty* se entrega a conflitos com a própria sexualidade ao som da irresistível batida da dupla Stargate, desta vez com um bom tempero latino. Entretanto, quando entende *exatamente* o que a admiradora do mesmo sexo pretende dizer com o seu "te amo", a estrela não tem alternativa além de se desvencilhar com delicadeza: 'Eu sinto amor, mas não é nesse sentido'. Ah, Ri, você é a maior arrasa-corações deste mundo".

Rihanna filmou o videoclipe no final de abril no Château de Vigny, na França. A escolhida para contracenar com a cantora foi a modelo francesa Laetitia Casta, e a direção ficou nas mãos de Anthony Mandler. Quando estava na França para as filmagens, Rihanna falou ao *Daily Mirror* sobre as saudades que sentia de Matt, dizendo: "Eu estou muito feliz. Paris é uma cidade maravilhosa, que eu amo. Seria ótimo se ele pudesse estar aqui também".

"Eu estava com a esperança de que ele pudesse vir me encontrar em Londres, mas compromissos de trabalho o impediram. E eu estou no meio da minha turnê e das filmagens do clipe do meu próximo single, então só vou vê-lo daqui a sete semanas."

A cantora também falou à revista *Elle* sobre o quanto Matt mudou a sua vida e a ajudou a superar seus problemas: "Eu tenho um namorado e ando muito feliz. Eu me sinto à vontade com ele, é tudo muito tranquilo. Eu levo uma vida caótica e é aí que tenho a minha paz. O que me ajuda a manter a sanidade é falar com ele e com a minha família".

Rihanna adora música e durante as viagens escuta sempre as suas canções favoritas. Como algumas dessas canções foram compostas e gravadas por amigos próximos, ela percebe nelas ainda mais sentido. RiRi acredita que a música faz parte do seu DNA. Ela tem faixas próprias na lista das suas mais ouvidas, mas também canções de Miley Cyrus, John Mayer e Kings of Leon. Rihanna ouviu o trabalho de Amy Winehouse pela primeira vez quando estava em Londres e ficou muito impressionada. Para ela, foi surpreendente constatar que sua música ainda levaria um ano para começar a estourar nos Estados Unidos. No passado, ela já havia declarado gostar da variedade das músicas que tocam no Reino Unido, por considerar o mercado britânico mais diversificado que o americano.

Ao ser entrevistada para o iTunes, a cantora revelou que sua lista de preferências do momento era mais ou menos assim:

> "Best I Ever Had", do Drake
> "Closer", do Kings of Leon
> "Young Forever", de Jay-Z com participação de Mr. Hudson
> "Venus vs. Mars", de Jay-Z
> "Meet Me Halfway", do Black Eyed Peas
> "La La La", do LMFAO
> "Throw it in the Bag" (versão remix), de Fabolous com participação de Drake e The-Dream
> "Party in the U.S.A", de Miley Cyrus
> "Thinking of You", de Katy Perry
> "Umbrella", de Rihanna com participação de Jay-Z
> "Russian Roulette", de Rihanna
> "Sweet Dreams", de Beyoncé
> "Waiting on the World to Change", de John Mayer

Outros artistas que Rihanna inclui na sua lista de mais ouvidos são Bob Marley, Paramore e Trey Songz.

Ela também falou sobre a primeira vez em que foi a um show de grande porte. Em 2004, ela assistiu a uma apresentação da turnê Ladies First e teve a chance de ver Beyoncé, Missy Elliot e Alicia Keys na mesma noite (as três cantoras haviam se unido porque não queriam organizar turnês solo naquela ocasião). Para Beyoncé, que estava habituada a cantar com as outras artistas do Destiny's Child, foi bom ter a companhia de Missy Elliot e Alicia Keys.

Rihanna disse ao representante do iTunes: "O meu lugar era lá no fundo da arquibancada, mas eu chorei de emoção. Eu não podia acreditar que estava vendo Beyoncé ali na minha frente, com Alicia Keys e Missy Elliot".

"Eu encarnei a fã um pouco deslumbrada. A fã muito deslumbrada, na verdade, mas foi muito legal estar lá. Aquele show me inspirou e me motivou demais."

As três artistas hoje veem RiRi de igual para igual, e, quanto a Beyoncé, as duas se tornaram amigas. É louco pensar em como as coisas podem se transformar num espaço de poucos anos.

Se RiRi tivesse que escolher uma música para ser a trilha sonora da sua vida, ela diz que seria um *medley* de "Waiting In Vain", de Bob Marley, com "Girls Just Wanna Have Fun", de Cindy Lauper, e "F*** You", de Cee-Lo Green.

Uma das suas maiores ambições musicais é participar do Festival de Glastonbury. Ela alimenta esse sonho desde que Jay-Z encabeçou a lista de atrações, em 2008. O cantor ajudou a levar uma batida mais R&B a Glastonbury, e RiRi adoraria seguir com a tradição inaugurada por ele.

Ela confidenciou à *Q Magazine:* "Eu adoraria cantar em Glastonbury. Já ouvi muita coisa sobre tudo o que rola por lá. Eu amo rock. Amo o som do Kings of Leon e do Prodigy. Aquele cara do rosto de palhaço e do cabelo esquisito [Keith Flint] é de dar pesadelos na gente. O visual deve assustar as criancinhas, você não acha?".

"Mas a música é fantástica. Eu também curto bandas mais tradicionais, como Aerosmith e Bon Jovi. Eu poderia sacudir o palco do Festival de Glastonbury, sem dúvida."

OUÇA O MEU CHORO

Rihanna fez uma parceria com Eminem em sua música "Love the Way You Lie", o segundo single lançado pelo *rapper* do seu disco *Recovery*. O trabalho chegou ao mercado no dia 8 de junho de 2010 e se transformou na parceria mais bem-sucedida da carreira da cantora: a canção conquistou o 1º lugar nas paradas de sucesso em 16 países e liderou a lista das mais tocadas nos Estados Unidos por sete semanas consecutivas.

No Reino Unido, "Love the Way You Lie" alcançou apenas o 2º lugar nas listas de mais tocadas, mas acabou se tornando o single mais vendido de 2010. A canção também foi o segundo single mais vendido no Canadá no mesmo ano. De lá para cá, o número de cópias vendidas no mundo inteiro passou dos 9 milhões.

Rihanna e Eminem estiveram juntos no palco do MTV Video Music Awards 2010 para apresentar a canção e repetiram a parceria ao vivo no show de 21 de julho da turnê "Last Girl on Earth" da cantora. Eles voltaram a se apresentar juntos na entrega do Grammy de 2011: o single recebeu cinco indicações de prêmios naquela noite, mas acabou não levando nenhum. No entanto, a dupla conquistou o título de Melhor Faixa de Hip-Hop/Rap do Teen Choice Awards, Melhor Canção de Hip-Hop do Ano do Soul Train Awards, e o clipe foi homenageado como Videoclipe Favorito e Canção Favorita no People's Choice Awards.

Rihanna e Eminem aparecem em algumas imagens do clipe, mas a maior parte das cenas foi feita por Megan Fox e Dominic Monaghan. Fox e Monaghan interpretam um casal num relacionamento disfuncional, que parte para a agressão física, se mete em brigas, rouba e bebe demais. Fica claro que a melhor coisa a fazer seria os dois se separarem, mas eles não fazem isso porque se amam. Na cena em que Rihanna aparece, ela está cantando do lado de fora da casa em chamas do casal, e o clipe termina com Eminem, Fox e Monaghan engolidos pelo fogo. Foi o primeiro videoclipe da cantora que ela filmou com os cabelos tingidos de vermelho brilhante.

O clipe se tornou um recordista assim que foi lançado no YouTube, batendo a marca dos 6,6 milhões de visualizações nas primeiras 24 horas. Foi o maior número de visitantes já conseguido por qualquer vídeo no site. Tanto os fãs de Rihanna quanto os de Eminem adoraram a canção, e ela também foi bem recebida no mercado da música de maneira geral. O clipe foi considerado tão bom que poderia ter sido o *trailer* de um grande sucesso do cinema.

O sucesso foi tanto que a dupla voltou a se reunir para gravar "Love the Way You Lie (Part II)", que trazia Rihanna cantando a maior parte da letra e Eminem entrando apenas como coadjuvante. A cantora a princípio não queria entrar no projeto, por achar que a primeira gravação havia ficado tão perfeita que certamente ofuscaria essa Parte II. Mas Eminem acabou convencendo a cantora, e o resultado produzido pelos dois se mostrou tão bom quanto da primeira vez. Outras versões chegaram a ser gravadas mais tarde, uma só com acompanhamento ao piano e outra só com a percussão. Com o tempo, Rihanna passou a gostar tanto de "Love The Way You Lie (Part II)" que decidiu incluir a faixa no seu disco seguinte, *Loud*.

Apesar da parceria com Eminem, RiRi não chegou a se transformar na melhor amiga do rapper nem nada parecido. O relacionamento entre os dois era estritamente baseado no trabalho. Quando a *Q Magazine* pediu à estrela que lhes contasse alguma coisa que ninguém soubesse a respeito de Eminem, ela não conseguiu se lembrar de nada e disse: "Podem acreditar, o sujeito é um mistério até

Eminem

para quem passa bastante tempo ao seu lado. Ele é muito reservado, guarda as coisas para si. Quando me enviou 'Love The Way You Lie', eu achei a canção fantástica. A letra era realmente incrível, o que costuma ser o ponto forte dele. E foi por causa disso que eu decidi gravá-la. Eu parei de me preocupar com a ideia de ser atacada por ter feito trabalhos que desafiam os limites de alguma maneira. A canção toca nos temas que toca porque o sujeito tem um passado e eu também vivi certas coisas".

"A canção era musicalmente excelente e eu decidi apostar nela. Eminem é um cara legal. Se eu ligaria para ele para bater papo? Não, a menos que fosse um papo sobre música. Ele não é de ficar jogando conversa fora."

APOSTANDO NO VERMELHO

Os cabelos de Rihanna são cuidados por Ursula Stephen, conhecida como uma das maiores cabeleireiras de celebridades do mundo. Ursula foi a responsável por mudar a cor e o corte de Keyshia Cole e de Michelle Williams (do grupo Destiny's Child), mas Rihanna é a cliente que mais lhe deu visibilidade.

Em setembro de 2008, Ursula declarou à revista *People*: "O cabelo dela é muito versátil. Arrepiado, todo para a frente, preso para trás com gel, ele sempre fica incrível!". Quando fãs do mundo inteiro começaram a pedir "o corte da Rihanna" aos seus cabeleireiros, RiRi e Ursula ficaram muito surpresas. Elas jamais poderiam imaginar que o corte curto da cantora se transformaria num ícone de estilo.

Rihanna prometeu a si mesma que jamais voltará a ter os cabelos castanho-claros e compridos que exibiu em "Pon de Replay", porque o estilo não reflete a imagem que ela quer passar: a cantora o considerava comum demais. Mas qualquer grande mudança no visual sempre depende da aprovação da equipe, e ela precisou se submeter ao crivo de todos antes de tingir os cabelos de vermelho. Em uma entrevista, RiRi admitiu que ter cabelos rosa-choque, roxos ou verdes estava fora de questão. Na primeira vez em que ela se rebelou e cortou as madeixas, acabou sendo pressionada a usar apliques e teve que ceder – o que ia totalmente contra a ideia inicial de RiRi ao fazer o corte.

Desde então, a estrela experimentou os mais diversos cortes e estilos, mas foi a sua decisão de apostar no vermelho em junho de 2010 que provocou burburinho no mundo inteiro. Ursula trançou apliques de cabelo natural tingido de vermelho às madeixas de Rihanna e aplicou o sistema de relaxamento Motions Silkening Shine para garantir o acabamento perfeito.

Depois de tanto tempo com o corte bem curto, voltar a ter cabelos longos de uma hora para outra se mostrou um aborrecimento para Rihanna na hora de descansar. A cantora passou a usar um lenço para segurar as mechas no lugar quando ia dormir.

Para Rihanna, o tom ruivo é libertador, e ela curte a atenção que recebe por causa dos cabelos chamativos. A cantora declarou ao SugarScape: "Com a mudança do cabelo, eu me senti pronta para encarar algo novo, alguma coisa berrante, expressiva e divertida. Eu já tinha sido loira antes e achava bem monótono".

"Preto continua sendo o meu tom preferido, mas desta vez eu decidi usar uma cor mais radical porque não estou gostando mais de roupas tão chamativas. Então o toque ousado no visual teve que passar para outro lugar – os cabelos!"

Para a cabeleireira de Rihanna, Ursula Stephen, as filmagens dos videoclipes às vezes se transformam em verdadeiros pesadelos; no entanto, no caso do clipe da música "S & M", produzido em meados de janeiro de 2010, ela gostou da liberdade que teve para brincar com os cabelos da sua cliente. A profissional admitiu para a StyleList: "Rihanna estava cheia de ideias malucas para esse trabalho, e eu embarquei totalmente na viagem. Comprei umas seis perucas diferentes, tingi e cortei todas. A produção dos videoclipes é a parte que eu menos gosto do meu trabalho, porque é uma pressão enorme e uma correria, para o artista exibir o resultado por dois minutos, se tanto. Mas esse clipe foi um desafio criativo para mim, então eu adorei fazê-lo".

Os fãs muitas vezes reagem chocados ao saber que RiRi usa perucas com frequência, mas muitas celebridades costumam fazer isso para proteger seus cabelos naturais.

A estrela precisa mudar a cor e o penteado constantemente (às vezes de um dia para o outro), e com as perucas Ursula pode fazer isso sem precisar tocar no seu cabelo verdadeiro, que fica escondido por baixo. As perucas que Ursula prepara para a estrela podem variar imensamente de preço: algumas custam 20 dólares, enquanto outras chegam à casa dos milhares. A cabeleireira faz os cortes e penteados nelas da mesma maneira que trabalha com os cabelos verdadeiros.

Mesmo quando não está trabalhando, Rihanna gosta de usar as perucas. Depois que as filmagens de "S & M" terminaram, a cantora embalou cuidadosamente a cabeleira afro que exibiu em cena para levá-la consigo numa viagem de descanso. Ela gosta que os seus cabelos complementem o visual e passem uma mensagem.

Ursula explicou à jornalista Grace Gold como o estilo que RiRi escolhe determina a escolha do tipo de peruca para ela: "Não tem a ver com o preço da peça nem com o fato de o cabelo ser sintético ou natural: o que determina tudo é o estilo escolhido em primeiro lugar. Você precisa imaginar o *look*, para só depois ir atrás da peça certa. Mas eu só diria que o cabelo sintético é a melhor opção no caso de uma cabeleira crespa e armada, porque ele sustenta esse visual bem melhor".

"As pessoas me perguntam: 'Por que você a colocou em cena com aquele cabelo tão volumoso? Por que essa maluquice?'. É preciso entender que ela é uma artista. Não pode andar por aí com um simples rabo de cavalo. Ela precisa aparecer. Precisa criar uma imagem marcante. E o cabelo ajuda Rihanna a entrar no personagem do momento."

Para que RiRi apareça sempre maravilhosa, é preciso que toda a sua equipe de estilo – a cabeleireira, a maquiadora e a pessoa responsável pelo figurino – estejam trabalhando em perfeita sintonia. O cabelo deve completar o traje, que por sua vez completa a maquiagem, e assim por diante. É preciso também que a estrela esteja se sentindo feliz com o visual que vai apresentar para o público, seja no palco ou no tapete vermelho. E antes de pisar no tapete vermelho ela sempre aplica o spray finalizador Motions Hold & Shine para dar o toque final.

Além de ser muito próxima de Ursula, Rihanna também criou intimidade com toda a sua equipe de estilo, por causa do tempo que passam juntos. Mesmo quando não estão trabalhando, eles costumam sair em grupo para comer ou se divertir.

Uma das maquiadoras da equipe é Karin Darnell, que já trabalhou com Victoria Beckham, o grupo Sugababes, Peter Andre, Katie Price, Anastacia e George Michael. A profissional começou a maquiar Rihanna quando ela esteve no Reino Unido e viajando pela Europa há cinco anos, e desde então passou a integrar a equipe de estilo da cantora e a cuidar da sua maquiagem em suas viagens pelo mundo.

Trabalhando há tanto tempo com Rihanna, Karin acompanhou o seu desenvolvimento como artista e como mulher. Ela falou ao site RihannaDaily sobre como foi o primeiro contato com a cantora: "Eu tinha certeza de que Rihanna seria uma grande artista, mas como a maquiadora inglesa que eu era, vivendo em Londres, jamais imaginei o papel que eu teria na sua futura imagem para o mundo! Eu me sinto realmente afortunada e gosto do processo criativo que é trabalhar com Ursula (cabelos) e com Mariel e Rob (estilistas), e também, é claro, com a própria Rihanna!".

Rihanna sabe o poder que a maquiagem tem na criação de um visual específico e não tem medo de ousar e desafiar limites nesse quesito. Quando vieram os cabelos vermelhos, as cores da maquiagem também tiveram que mudar, como Karin explica: "Para acompanhar aquela cabeleira vermelha incrível, certamente você precisa fazer mudanças na maquiagem! Cada mudança de penteado, de roupa e de evento determina a maquiagem do momento! Sempre um tom abaixo do cabelo em termos de impacto, mas ela deve se sobressair também. Ursula e eu adoramos trabalhar juntas, nós estamos sempre "empurrando" uma à outra para criar! É fantástico! E o *new look* da Rihanna está mais suave do que nunca! Sumiram as linhas marcadas e os olhos muito escuros. Estamos trabalhando só tons pastéis, olhos bem femininos com cílios tremelicantes. As cores não precisam necessariamente combinar, às vezes usamos uma surpresa aqui e ali com um tom ou matiz inesperado. Às vezes eu gosto de deixar os lábios bem vermelhos para causar um impacto. Mas só isso já basta!".

AS VÁRIAS FACES DE RIHANNA

Se você quer fazer uma maquiagem igual à da Rihanna, basta acessar o YouTube e checar os ótimos tutoriais criados por algumas fãs. Eles mostram, passo a passo, como reproduzir o visual da estrela em cada um dos seus clipes. Se esses vídeos impressionaram até a maquiadora da equipe por sua precisão, quem seguir as suas instruções certamente não vai se decepcionar com os resultados.

Muitos videoclipes da estrela tiveram a direção de Anthony Mandler, o sujeito responsável por "Maneater" de Nelly Furtado, "Big Girls Don't Cry", da Fergie, e "Heartbreak Warfare", de John Mayer. Mandler também dirigiu clipes de Jay-Z, Ciara, Mariah Carey, Snoop Dogg, Beyoncé e muitos outros grandes astros.

O diretor foi trazido para a equipe pela primeira vez para filmar "Unfaithful", em 2006, e desde então dirigiu muitos outros clipes lançados por RiRi. A assinatura dele está em "We Ride", "Shut Up and Drive", "Hate That I Love You", "Take a Bow", "Disturbia", "Rehab", "Russian Roulette", "Wait Your Town", "Te Amo", "Only Girl (In The World)" e "California King Bed".

Anthony Mandler também dirigiu videoclipes de algumas parcerias que Rihanna fez com outros artistas. Em 2008, ele ficou à frente do clipe do grupo Maroon 5 para a música "If I Never See Your Face Again", e também de "Live Your Life", do T.I. Um ano depois, em 2009, ele foi o diretor de "Run This Town", de Jay-Z, estrelado também por Kanye West.

A Def Jam gostava de alguns trabalhos anteriores de Mandler e quis que ele reinventasse a imagem de Rihanna. Quando os dois se conheceram, nasceu uma amizade que foi ficando cada vez mais forte com o passar do tempo. Anthony falou ao site Rap-Up.com sobre como eram as coisas no princípio: "Nós tivemos uma sintonia de cara, desde esse primeiro momento, com 'Unfaithful'. Ela me viu como alguém capaz de dar apoio e orientar o seu impulso artístico e a sua personalidade para fazer nascer uma *persona* mais sensual e feminina lá na frente. E eu vi ali a chance de trabalhar com alguém que trazia o potencial para ser uma musa – é realmente assim que eu a vejo. Hoje eu sinto que nós crescemos um através do outro, em volta um do outro e por causa um do outro, e nunca vou deixar de mencionar a qualidade do trabalho ou a liberdade que ela me deu para passar o meu recado. Essas coisas são raríssimas de encontrar num artista, em especial nesse meio que é tão cheio de deslealdade e comentários mordazes. Eu nem conseguiria listar para você quantos clipes eu fiz que foram número 1 nas paradas musicais e em seguida o artista foi procurar outra pessoa. E Rihanna, em termos de lealdade, é o máximo".

Até hoje, os dois clipes favoritos de Rihanna são "Disturbia" e "Russian Roulette". Anthony explica por quê: "'Disturbia' foi um trabalho que todo mundo dizia que simplesmente acabaria com a carreira dela. As pessoas não foram favoráveis a esse clipe, e eu, Rihanna e a minha parceira Ciarra Pardo tivemos que defendê-lo e empurrá-lo até onde conseguimos – precisamos chegar até o limite do que era aceitável e o que não era aceitável para uma garota como ela. E ele acabou ampliando bastante o seu espectro de atuação. E 'Russian Roulette' porque ele obviamente tem ligação com tudo o que aconteceu, é um trabalho feito para contar uma história intensa e que traz uma grande bagagem. Ela me deu carta branca nessa produção. Eu havia sonhado com Rihanna debaixo d'água sendo alvejada por tiros, com as balas passando de raspão por ela. Quando acordei, peguei o telefone na mesma hora e disse: 'Eu tive essa ideia. Você precisa me dizer em qual música ela se encaixa'. Na época, se não me engano, a canção não havia nem sido gravada. Ter a liberdade para viver uma coisa dessas, para ligar para uma das maiores estrelas do mundo, fazer esse tipo de proposta e ouvir um 'Vamos nessa' é realmente uma bênção. Todo artista sonha em poder ter esse espaço para trabalhar".

Rihanna é uma grande admiradora do trabalho de Anthony, mas ela filma com outros diretores também. Melina Matsoukas ficou à frente dos seus clipes de "Rude Boy", "Hard", "Rockstar 101" e "S & M" (junto com a própria cantora).

Aparentemente, todo mundo que já trabalhou com Rihanna a vê como uma cantora excelente e uma ótima pessoa também. Makeba Riddick é uma das pessoas-chave

da sua equipe e também uma das maiores produtoras e compositoras do mundo.

Makeba começou trabalhando com Jennifer Lopez e o grupo B2K no ano de 2002, mas desde então já associou seu nome a diversos grandes astros, como Mariah Carey, Toni Braxton, Beyoncé, Kelis e o grupo Sugababes, só para citar alguns. A primeira canção de Rihanna que teve a sua participação foi "Live Your Life", uma parceria com T.I. Depois dessa estreia, a artista participou da produção e composição de faixas para quatro dos discos de Rihanna.

Ela revelou à revista *Us:* "Eu estava lá desde o começo, desde a semana em que ela assinou o contrato e até antes mesmo de ter uma gravadora. Eu fui uma das primeiras pessoas com quem ela entrou em estúdio. Estar ao lado dela é sempre uma louca aventura. Rihanna viaja bastante e adora estar cercada das pessoas de quem gosta. Nós ouvimos música, vemos vídeos, bebemos champanhe – o estúdio com ela se transforma literalmente numa festa, é bem divertido".

"Ela é muito sagaz, e uma pessoa com quem é bem fácil trabalhar. Embora seja uma estrela de renome internacional, nós já temos uma parceria de tantos anos que para mim, hoje, é como se eu estivesse indo para o estúdio com uma prima. Não tem um clima de trabalho, de jeito nenhum."

Se Makeba tivesse que escolher uma canção preferida entre todas que compôs e produziu até hoje, a eleita seria "Live Your Life", por causa da diversão que foi gravar com T.I. e Rihanna na Itália e também por causa do sucesso alcançado pela faixa. "Live Your Life" liderou as paradas de sucesso por dez semanas, o que representa um recorde pessoal para Makeba.

Em entrevista à revista *Us,* a produtora e compositora falou de dois momentos especiais que viveu com Rihanna: "Nós estávamos no Havaí no ano passado e decidimos experimentar aquelas pranchas de *stand-up paddle*. Todo mundo do grupo caía na água o tempo todo, era hilário, e Rihanna foi a única que conseguiu manter o equilíbrio. Nós ficamos todos encharcados, pingando mesmo, com o cabelo todo bagunçado, e esse momento ficou gravado na minha memória porque foi divertido demais. A outra vez foi quando estávamos em Londres gravando o disco *Rated R*, e um restaurante de sushi que nós adoramos ficou fechado só para nos receber. Jay-Z e todo o pessoal da Rock Nation estavam lá, e o lugar virou um clube particular. Estar com ela e com seu grupo dá sempre a sensação de estar em família".

UMA AJUDA PARA SHANNON

Em julho de 2010, Rihanna conheceu a história da atriz Shannon Tavarez, uma menina de 11 anos que três meses antes havia sido diagnosticada com uma forma agressiva de leucemia. Shannon estava fazendo o papel de Nala na montagem da Broadway de *O Rei Leão* quando começou a sentir dores nas pernas. Na visita ao médico ela recebeu o diagnóstico de leucemia, e a partir daí começou a corrida para encontrar um doador de medula óssea compatível - a necessidade do transplante era urgente, e, com pai dominicano e mãe afro-americana, isso não seria fácil.

Rihanna quis fazer algo para ajudar a jovem atriz, e, juntamente com Alicia Keys e 50 Cent, ela fez um apelo aos seus fãs. E declarou à revista *People:* "[Shannon] deveria estar se apresentando na Broadway, mas em vez disso está confinada à cama, tendo que lutar pela vida".

"Ela precisa encontrar um doador de medula óssea para sobreviver. Eu deixo aqui o apelo a todos os meus fãs para que se cadastrem (como doadores). Essa é a coisa mais linda que alguém pode fazer, doar o presente que é a vida."

Infelizmente não foi encontrado um doador compatível para Shannon, e a menina foi submetida a um transplante usando sangue de cordão umbilical em agosto de 2010. Shannon morreu de leucemia no dia 1º de novembro de 2010, e as luzes do teatro onde *O Rei Leão* estava sendo apresentado no mesmo momento foram reduzidas em sua homenagem. A mãe da atriz divulgou uma declaração que dizia: "O sonho de Shannon era se apresentar num palco, e isso ela conseguiu fazer".

Quando soube da morte de Shannon, Rihanna ficou compreensivelmente abalada e escreveu em seu perfil do Twitter: "Acabei de desembarcar e ter a notícia de que nossa estrela Shannon Tavarez perdeu a luta contra a leucemia. Cedo demais. Rezem pela família".

EM TURNÊ PELOS ESTADOS UNIDOS – COM KE$HA

Rihanna logo pegou a estrada novamente para iniciar a etapa norte-americana da sua turnê, que percorreu 26 cidades durante os meses de julho e agosto de 2010. Ela teve a companhia de Ke$ha, a atração encarregada de abrir os shows nos Estados Unidos e Canadá, e as duas se divertiram juntas. Ke$ha revelou à MTV: "Nós fazemos festas do pijama e guerras de travesseiros e gostamos de ficar trançando os cabelos uma da outra".

"Também falamos de garotos, de garotos nus. Fazer uma turnê com Rihanna é uma coisa incrível, vocês precisam ver. É divertido demais. Eu já estou viajando com ela há duas semanas e aprendi muito como artista. Rihanna tem uma das melhores vozes que eu já ouvi ao vivo, e abrir os shows dela é uma oportunidade de cantar para milhares de pessoas. As apresentações são épicas. Ela é fantástica ao vivo, a sua voz é maravilhosa. E eu sou, tipo, a garota do aquecimento. Eu subo no palco e esquento a galera por 40 minutos."

– VAMOS AOS FATOS – KE$HA

Ke$ha é uma cantora e compositora que ficou mais conhecida pelas canções "Tik Tok" e "We R Who We R". Antes de ser contratada por uma gravadora, ela fez *backing vocals* para Britney

Spears e Paris Hilton e chegou a aparecer em um videoclipe de Katy Perry. Sua chance de brilhar surgiu com o convite para fazer a voz feminina na música "Right Round", do Flo Rida.

Desde janeiro de 2010, a cantora já vendeu mais de dois milhões de álbuns, e ter sido chamada para abrir os shows de Rihanna foi uma ótima maneira para ela mostrar ao mundo o que sabia fazer. Três meses depois de ter encerrado as últimas apresentações em "Last Girl on Earth", Ke$ha anunciou a sua própria turnê.

Uma apresentação sempre lembrada por Rihanna, pelos dançarinos e por toda a equipe é a da noite de 25 de agosto. Essa foi a data em que o bailarino Chase Benz escolheu para pedir a namorada em casamento. Tessa Reyes havia ido assistir ao show em Chicago sem saber que o namorado a puxaria para cima do palco. Todo mundo envolvido com a produção do show participou da surpresa, e foram projetadas no telão três fotos antes de Chase se ajoelhar para fazer o pedido. A primeira mostrava Chase em criança, a segunda era uma imagem de Tessa pequena e a terceira uma fotografia mais recente dos dois juntos. A plateia aplaudiu o "sim" de Tessa, e em seguida o casal seguiu junto para os bastidores – onde sem dúvida recebeu os cumprimentos de RiRi.

O círculo de pessoas mais próximas a Rihanna também guarda lembranças de outras noites especiais da turnê. Kanye West viu a cantora se apresentar no Madison Square Garden, em Nova York, e ficou impressionado. Nessa data ele mesmo faria um show secreto no Bowery Ballroom, mas não pôde resistir ao impulso de dar uma passada antes para conferir a *performance* de Rihanna. Mais tarde, decidiu falar sobre o talento da cantora com a sua plateia e afirmou: "Eu fui ver o show da Rihanna hoje, e quando comecei a ouvi-la entonar os versos de 'Hard' eu não vou mentir para vocês: tive vontade de chorar ali mesmo, vendo minha irmãzinha no palco com a sua própria produção, seu figurino e a sua canção sacudindo a plateia lotada do

A cantora Ke$ha abriu os shows de Rihanna na turnê “Last Girl on Earth”

Madison Square Garden. Foi uma grande emoção para mim, eu fiquei muito orgulhoso dela".

Rihanna estava no seu melhor momento: noite após noite, subia ao palco para cantar em estádios lotados, e a Billboard acabara de anunciar que, com o posto de número 1 conquistado por "Love The Way You Lie", a estrela estava empatada com Beyoncé, Mariah Carey e Lady Gaga no posto de artista com o maior número de singles a conquistarem o 1º lugar na parada da música pop.

Apesar dos compromissos com a turnê, Rihanna continuou a viajar para ver Matt em campo com seu time de beisebol sempre que tinha oportunidade. De junho em diante o seu desempenho passou a se mostrar aquém do esperado, e o jogador começou a ser deixado no banco de reservas. Os torcedores do Los Angeles Dodgers punham a culpa em Rihanna, dizendo que a sua *performance* ruim era fruto do excesso de tempo passado com a cantora. Eles também achavam que a presença da namorada nas arquibancadas desconcentrava Matt nos dias de jogo.

O atleta ouviu os boatos e decidiu acabar com o falatório. Ele declarou ao *Los Angeles Times:* "A minha garota não tem nada a ver com o que eu faço em campo. No máximo, ela só me ajuda. Estar com ela me deixa feliz, e com o grau de estresse com que eu tenho chegado em casa algumas vezes, é bom ter alguém lá que só esteja querendo me apoiar".

Já que só tem a oportunidade de visitar Barbados algumas poucas vezes por ano, Rihanna gosta de travar contato com outros nativos da ilha que cruzem o seu caminho. Ela teve a chance de passar algum tempo em estúdio com Shontelle em meados de 2010, depois de ter trabalhado com ela em 2007 na gravação de "Roll It", de J-Status. As duas se conhecem desde a época em que eram garotas em Barbados. Shontelle era a sargento de Rihanna no pelotão de cadetes, e explica em seu site oficial: "Houve uma vez em que eu precisei mandá-la fazer dez flexões. Hoje nós rimos juntas dessa lembrança, eu acho que ela me perdoou".

Shontelle também foi apadrinhada por Evan Rogers e Carl Sturken depois que os dois ouviram uma música sua tocando numa rádio local de Barbados, e em pouco tempo

Shontelle

a cantora acabou se mudando para os Estados Unidos. Por ter vindo do mesmo país e ter sido alavancada pelos mesmos dois homens que contrataram Rihanna pela primeira vez, muita gente insinua que as duas artistas seriam inimigas – mas isso não poderia estar mais distante da verdade.

Numa viagem promocional pelo Reino Unido em agosto de 2010, logo antes do lançamento do seu single "Impossible", Shontelle explicou ao Digital Spy: "As pessoas fazem um esforço enorme para nos retratar como inimigas, e nós achamos tudo muito engraçado. Não entendemos nada. Nós somos duas garotas de Barbados que ficaram empolgadas com o fato de terem saído de uma ilhota de que muita gente nunca tinha ouvido falar até Rihanna aparecer".

"E agora, há pouco tempo, nós entramos na história como sendo duas artistas de Barbados a entrar na lista das Top Ten ao mesmo tempo – isso jamais havia acontecido, com nenhum outro país fora dos Estados Unidos. Para nós é emocionante ver a nossa pequena ilha fazendo nascer ondas tão grandes, sabe? Eu simplesmente adoro isso. Nós gravamos juntas há pouco tempo e, como sempre, rimos muito pensando que nos apontam como grandes rivais, mas estávamos lá trabalhando em parceria."

Shontelle chegou a participar com Rihanna da composição da faixa "Man Down", para o seu disco *Loud,* junto com Timothy e Theron Thomas e com Shama Joseph. Para conseguir encaixar o trabalho na agenda atribulada da estrela, Shontelle foi assistir a um dos seus espetáculos. Assim que encerrou o show, Rihanna foi para o ônibus e as duas começaram a compor. Por conhecer RiRi tão bem, Shontelle achou muito mais fácil compor junto com ela do que se tivesse de fazer o mesmo trabalho com um estranho.

E Rihanna adorou o resultado final, porque a canção ficou com um tempero bem jamaicano.

TWITTER

Até agosto de 2010, o perfil de Rihanna no Twitter era alimentado por sua gravadora, até que a cantora decidiu mudar isso e assumiu o teclado. Assim que a mudança foi feita, ela twittou: "Agora eu enfim assumi o meu Twitter, chega dos tweets corporativos bregas... LOL! E aííííí, galera???!!!"

Rihanna declarou à BBC Radio 1: "Eu ainda não sou uma grande usuária do Twitter, mas agora estou postando pessoalmente por lá de vez em quando, sempre que preciso ou tenho vontade de mandar um 'oi' para os fãs. Só não quero errar a mão e começar a twittar o tempo todo. Eu detesto gente que passa o tempo inteiro twittando, postando a cada segundo. Esse tipo de coisa me irrita e eu não quero ser uma pessoa irritante. Ninguém está tão interessado assim no que os outros têm a dizer".

A cantora queria começar a ter um canal direto de interação com os fãs e pedir o conselho deles sobre o que deveria fazer ou não. Assim que começou a twittar, RiRi ficava muito preocupada com o que iria escrever e chegava a passar dias pensando no próximo post, mas agora está mais relaxada e costuma twittar o que lhe vem à cabeça.

Os fãs de Rihanna adoram ver que ela às vezes pode ser meio maluca e que não tem medo de cometer erros. A estrela também não hesita em twittar coisas que poderiam irritar o pessoal da sua gravadora: ela tem um quê de

rebelde, às vezes, e quer que seus fãs consigam expressar o que sentem e sejam felizes sempre. RiRi se importa de verdade com eles e deseja que todos possam se sentir à vontade sendo quem são. Muitas vezes, ela usa o Twitter para lhes dizer que sejam fiéis à sua própria essência.

Na mesma época dessa tomada do perfil do Twitter, Rihanna começou a ler os fóruns de discussão mantidos por fãs e participou de um chat ao vivo no site oficial do seu fã-clube, o RihannaDaily.com. Assim que a cantora apareceu on-line, foi acusada por alguns fãs de ser uma impostora; então ela pediu a uma amiga que entrasse em contato com o site para confirmar a sua identidade.

Rihanna sempre teve vontade de atuar em algum filme, mas seu interesse nunca foi fazer o papel de uma cantora. Quando soube de uma produção de ficção científica que seria baseada no jogo de batalha naval, ela achou que a história parecia interessante e que certamente não lhe reservaria um papel calcado só no glamour. Ela teria que atuar de verdade!

O filme teria a direção de Peter Berg, conhecido por seus trabalhos *Hancock*, *Bem-vindo à selva* e *O reino*. O ator Liam Neeson, de *Batman Begins*, Taylor Kitsch (de *X-Men Origens: Wolwerine*) e o ator Alexander Skarsgård, da série *Generation Kill*, também estavam escalados, então seria uma grande produção. O filme representaria um desafio enorme para Rihanna, mas ela acalentava o sonho de atuar havia tanto tempo que estava disposta a encarar o que fosse preciso.

Rihanna começou a filmar as suas cenas no Havaí, em setembro de 2010. Ela iria fazer o papel de Raikes, oficial de armas da Marinha dos Estados Unidos. A personagem era uma garota durona que se uniria à batalha naval contra um inimigo alienígena. Rihanna decidiu controlar seu sotaque de Barbados para interpretá-la. Quando dá entrevistas, ela às vezes fica cansada de ter que repetir as respostas três vezes por não ser compreendida pelo entrevistador, portanto, achou melhor não correr riscos em cena. A última coisa que a estrela desejava era que as pessoas saíssem dos cinemas comentando que não haviam entendido as suas falas.

A *Entertainment Weekly* perguntou a Rihanna quem mandava melhor no filme, tirando ela própria, se Alexander Skarsgård ou Liam Neeson. E a resposta foi: "Eu. Bem, quem manda melhor no filme inteiro é Taylor Kitsch, mas eu também não faço feio".

Inicialmente, ela teria apenas duas semanas de filmagens, e fez questão de levar familiares e amigos junto para poder curtir uma folga com eles antes de retornar ao trabalho. Enquanto estava por lá, postou uma foto no Twitter usando *leis* (os tradicionais colares de flores havaianos). No período de descanso, todos brincaram de experimentar tatuagens temporárias e Rihanna decalcou o desenho de um revólver enorme na coxa. O grupo aproveitou a praia e a cantora se divertiu passeando de canoa com Melissa. Depois de voltar para casa, ela passou algumas semanas bastante ocupada com as ações promocionais de "Only Girl (In the World)" e organizando a despedida de solteira de Katy Perry. RiRi e Katy haviam se aproximado bastante ao longo do ano anterior e agora eram grandes amigas - sem que Rihanna tivesse se esquecido de Melissa, é claro.

A experiência como cadete nos tempos de escola ajudou Rihanna a compor a personagem Raikes nas filmagens de *Battleship,* e tanto os colegas de elenco quanto a equipe técnica ficaram impressionados com a habilidade com as armas demonstrada pela estrela. Ela contou à *Q Magazine* sobre a sua experiência na força juvenil do exército de Barbados: "Eu era muito boa nos exercícios – tinha que ser. Todos os meus superiores estavam em excelente forma física e eu queria conquistar o respeito deles. Sonita, minha melhor amiga na época, se alistou na tropa junto. Nós fomos separadas porque ficávamos conversando o tempo todo, mas depois tomamos jeito. Eu não entrei pensando em seguir carreira militar. Você simplesmente tinha que escolher entre ser bandeirante, escoteira ou cadete".

"Provavelmente eu conseguiria fazer vinte flexões sem hesitar para você agora mesmo; só não faço porque estou de vestido justo, já é tarde e eu estou cansada. Eu também sei manejar bem um rifle, e essa habilidade tem se mostrado útil. Estou participando de um filme no momento [*Battleship*] e tive que demonstrar para a equipe que já sabia lidar com armas. Todo mundo ficou pasmo. Mas eu nunca disparei uma arma num momento de raiva."

Para se tornar atriz sem ficar parecendo uma cantora tentando interpretar, RiRi chamou um preparador de elenco e lhe pediu que a ensinasse a usar suas experiências do passado para ajudá-la a expressar as emoções da personagem, e também procurou aprender observando outras atrizes em cena. As suas favoritas são Naomi Watts, Nicole Kidman e Meryl Streep. Entre os atores, os favoritos do momento são Jonah Hill e Michael Cera.

O diretor Pete Berg deve ter ficado impressionado com a dedicação mostrada por Rihanna; para ela teria sido fácil não investir tanta energia no filme, ocupada que estava promovendo seus discos e singles entre uma etapa da filmagem e outra.

Rihanna também tem um grande respeito por Berg e relatou à *Q Magazine* o que sentiu quando resolveu embarcar no projeto: "Peter Berg é um gênio. Um filme baseado num jogo? Como isso pode dar certo? Mas eu adorei o roteiro, e me pareceu perfeito para um trabalho de estreia como atriz. A minha personagem é uma garota durona e toda tatuada, a oficial de armas Raikes. Eu conheço tudo sobre as armas a bordo daquele navio. Se sou capaz de interpretar? É claro que sou, mas não vou lhe contar onde vou buscar as experiências para isso. No que eu penso quando quero fazer a personagem com raiva? Ora, isso seria revelar os meus segredos".

Originalmente, o plano de Berg era que Rihanna aparecesse em algumas cenas usando um quepe da Marinha e em outras sem ele, mas a estrela ficou tão exuberante sem o quepe que fez o diretor mudar de ideia. Ela passou a filmar com ele o tempo todo, e sua cabeleireira quase não teve trabalho.

Rihanna pode ter um corpo que provoca inveja por onde passa, mas ela mesma só começou a ficar em paz com ele há um ou dois anos. Ela aprendeu a aceitar as suas curvas mais femininas e confessou à *Vogue* que a mudança aconteceu quando se preparava para interpretar Raikes.

Ela lhes disse: "Pela primeira vez, eu não tenho vontade de me livrar das curvas. Penso só em tonificar um pouco os músculos. O meu corpo é confortável e tem saúde, então eu vou aproveitá-lo ao máximo do jeito que é".

"Ao longo do meu descanso no Havaí, e mesmo durante as filmagens, eu me dei conta de que no fundo gosto do meu corpo, mesmo ele não sendo absolutamente perfeito. Eu me sinto sexy."

Os colegas de elenco de Rihanna também ficaram impressionados com a sua *performance*. Josh Pence declarou à MTV: "Eu fiz uma cena com Rihanna e ela foi ótima! Passou o recado direitinho".

"Ela se entregou ao papel, e eu entendo que para alguém como ela isso representa um risco. A situação era a mesma de Justin [Timberlake] em *A rede social*. Os dois tinham muito a perder, muita gente pronta para julgá-los. Fazer uma coisa assim demanda muita coragem."

Josh faz o Chefe Moore, um coordenador de sistemas de combate, em *Battleship*. RiRi, Josh e o resto do elenco estavam ansiosos para ver o filme estrear, então devem ter ficado desapontados com a decisão de transferir o lançamento para maio de 2012 em vez de fazê-lo ainda em 2011, como era o plano original.

No dia 19 de dezembro de 2010, Rihanna twittou: "Encerrei oficialmente minha participação em *Battleship*! Vou sentir saudades, mas é bom voltar para casa!".

A última temporada das filmagens de Rihanna foi encerrada no final de novembro em Baton Rouge, Louisiana, mas a estrela sabia que um dia voltaria a um *set* de filmagem. Ela mal podia esperar para receber novos roteiros e convites, porque adorou a sensação de interpretar. A estrela agora quer ser conhecida como uma grande cantora e uma grande atriz!

KATY PERRY

Melissa Forde pode ser a melhor amiga que Rihanna tem neste mundo, mas o lugar de Katy Perry está garantido na segunda posição. Katy foi lançada no mercado da música no princípio de 2008, e pouco depois se transformou em amiga de Rihanna. As duas frequentavam as mesmas premiações e eventos, e depois de alguns encontros perceberam que se tornariam grandes amigas.

Em abril de 2009, Rihanna convidou Katy para viajar com ela a Barbados para umas férias entre amigas. As duas passearam de barco e curtiram a ilha com o grupo de amigos da juventude da cantora. Quando as duas estão nos Estados Unidos, Katy costuma convidar RiRi para ir à sua casa e vice-versa.

Katy e Rihanna são muito amigas e não se sentem pressionadas para competir entre si. Elas sabem que cada uma oferece coisas diferentes aos seus fãs, como Katy explicou à *Harper's Bazaar:* "Cada pessoa é única. É por isso que todas têm a chance de vencer e têm espaço para existir. Nem todo mundo quer sorvete de baunilha, os 31 sabores têm vez. Eu não poderia fazer o mesmo que Rihanna faz. Ou que Gaga faz. E elas não podem fazer o que eu faço".

Durante uma entrevista, RiRi teria declarado: "Eu não gostaria de fazer os discos de pop genérico que a Ke$ha, Lady Gaga ou Katy Perry fazem – cada canção é feita sob medida para mim". Algumas pessoas interpretaram isso como se Rihanna tivesse dito que Katy produz só "pop genérico". RiRi ficou chateada com a repercussão dessa impressão errada e insiste em dizer que sua fala foi citada fora de contexto.

Ela disse à revista *Fabulous:* "Eu não falei isso – você viu a entrevista? Não foi aquilo que eu disse. Tudo bem, pode ter sido uma indireta para certos compositores e produtores que só conseguem fazer discos seguindo a mesma fórmula. Eles fazem uma música e mandam para Rihanna. Se ela não topar gravar, mandam para a Katy, e se Katy não topar, mandam para Gaga. Não é isso que nós queremos. Nós gostamos de canções que gritem a nossa individualidade. Gostamos de discos que mostrem quem somos como artistas e que tenham sido feitos sob medida para nós".

– VAMOS AOS FATOS – KATY PERRY

Katy Perry é uma cantora nascida em Santa Barbara, Califórnia. Da mesma maneira que Rihanna, ela escolheu um nome artístico diferente do seu. A cantora foi batizada como Katheryn Elizabeth Hudson. Ela iniciou a carreira musical como Katy Hudson e chegou a gravar um disco de músicas gospel e um álbum solo que nunca foram lançados antes de decidir adotar o nome Katy Perry e assinar seu contrato com o selo Capitol Music Group, em 2007. Essa foi a quarta gravadora por onde ela passou e, comparada ao estouro de Rihanna, sua trajetória rumo ao sucesso foi muito mais acidentada e tortuosa.

Seu single "I Kissed a Girl" explodiu como um grande hit em 2008 e, daí em diante, Katy não olhou mais para trás. Depois disso, a cantora já lançou dois discos: *One of the Boys* e *Teenage Dream*. Katy muitas vezes recebe indicações para os mesmos prêmios a que Rihanna concorre, mas para nenhuma das duas faz diferença saber qual delas vai sair vencedora.

Katy Perry

Rihanna e Katy sempre tomaram conta uma da outra quando o assunto é a vida amorosa, e quando Katy começou a sair com o comediante e ator britânico Russell Brand, em setembro de 2009, sua amiga não ficou muito satisfeita. Mas o tempo a fez mudar de ideia, e Rihanna se mostrou feliz pelo casal quando, três meses mais tarde, eles decidiram ficar noivos.

Perguntada pelo portal de internet AOL se considerou Russell Brand "um bom partido" para Katy quando ela o conheceu, Rihanna confessou: "Ele é divertido. Ele é maluco. Mas levou um tempo para a ficha cair – 'ei, Russell e Katy são perfeitos um para o outro!'. Nós fomos apresentados numa ocasião em que ele me entrevistou para a televisão. Eu estava doente no dia, e aquela foi a pior entrevista que eu já dei na vida. Eu não parava de vomitar e um médico tinha me aplicado uma injeção no traseiro. Não estava achando graça de coisa nenhuma. 'Por que estou aqui falando com esse idiota? Ele me dá vontade de vomitar outra vez. Que entrevista mais idiota.' Depois nós fizemos uma outra entrevista para a MTV e eu me dei conta de que ele era engraçado. Eu provavelmente havia sido uma antipática da primeira vez, mas só fui me tocar disso meses mais tarde".

Rihanna ficou empolgada com a missão de organizar a despedida de solteira para Katy e achou que Las Vegas seria o cenário perfeito para a festa. No dia 18 de setembro de 2010, RiRi e um grupo de mais ou menos vinte amigas íntimas de Katy viajaram para a cidade. As meninas ocuparam a área vip da piscina do Hard Rock Hotel, relaxando com um pouco de champanhe e cerveja antes de a festa começar de verdade à noite. Katy deu mostras de saber que Rihanna havia planejado uma bela esbórnia quando twittou: "Estou entrando na fila para o transplante de fígado".

Depois de pular para dentro dos seus minivestidos, as garotas embarcaram num Hummer imenso e foram assistir ao espetáculo KÀ, do Cirque du Soleil. Depois de se encantarem com o talento dos acrobatas, Rihanna e Katy ainda posaram para fotos com alguns dos artistas antes de seguirem para o restaurante italiano Ago. As amigas então passaram uma parte da noite se divertindo no clube noturno XS antes de fechar com chave de ouro na boate de *striptease* Sapphire.

Rihanna ficou satisfeita por ver a amiga se divertindo e admitiu para a *Q Magazine:* "Foi a primeira vez que eu fui incumbida de organizar uma despedida de solteira, e tudo correu muito bem. Nós fomos todas de avião para Las Vegas, e chegando ao hotel descemos direto para beber na piscina. Nas sacolinhas de boas-vindas havia uma taça de champanhe e comprimidos para ressaca. Depois nós vimos um espetáculo do Cirque du Soleil e ainda fomos a uma boate de *strippers* e arriscamos a sorte nas mesas de jogo".

Dias depois de voltar de Las Vegas, Rihanna conseguiu organizar uma festa de aniversário surpresa para o namorado Matt numa pista de kart em Los Angeles. Ela também esteve ao lado dele em uma reunião com amigos no clube Drai, em Hollywood, na noite anterior – a véspera da data em que Matt realmente completou 26 anos. Rihanna não estava muito sorridente quando foi flagrada na entrada do lugar, mas talvez isso fosse mais por causa do assédio dos *paparazzi* do que por qualquer problema com Matt. Ela estava usando um vestido preto e branco de mangas longas bem diferente, assinado pelo estilista Emilio Pucci.

O single seguinte de Rihanna foi "Only Girl (In the World)". O lançamento, em setembro de 2010, aconteceu dois meses antes de o disco *Loud* chegar às lojas. A música foi composta pela equipe Stargate, Crystal Johnson e Sandy Vee, e seria a faixa principal de *Loud.*

"Only Girl (In the World)" se tornou o nono single de Rihanna a conquistar o posto de número 1 nas paradas musicais dos Estados Unidos e também liderou as listas de mais tocadas no Reino Unido, Irlanda, Austrália, Áustria, Canadá, Bélgica, Polônia, Alemanha, França, Itália, Romênia, Hungria, Noruega, Nova Zelândia e Eslováquia. A canção também foi premiada como Melhor Gravação de Dance na edição 2011 do Grammy.

Rihanna admitiu que exigiu muito de si mesma na canção, e para garantir a qualidade dos vocais ousados a cantora procurou descansar a voz nos dias que precederam as gravações. Ela teve que enfrentar os insetos e as cobras nas locações escolhidas para filmar o clipe, mas sabia que o resultado ficaria lindo.

A direção do videoclipe ficou a cargo de Anthony Mandler, que esteve à frente de muitos clipes da cantora. Mas a escolha não foi automática: Mandler precisou disputar a vaga com outros diretores de primeira linha do mercado. Rihanna enviou a todos eles imagens e referências em vídeo do que estava querendo e pediu que cada um lhe mandasse as suas ideias para o clipe. Ao examinar o material, a cantora sentiu que algumas propostas soavam falsas e não funcionariam bem, mas considerou que a concepção de Anthony acertou na mosca. Ele lhe mandou uma combinação de nove fotografias novas e antigas, e isso bastou para que Rihanna soubesse que o diretor havia compreendido o que ela queria com o clipe.

A estrela declarou ao JustJared: "São cenas muito lindas, feitas em lugares muito, muito loucos. Nós filmamos paisagens que descobrimos a poucas horas de carro de Los Angeles, e o visual parece fora da realidade. Parece algo recortado de um cartão-postal, com aquelas colinas ao fundo. E os dias das filmagens estavam muito ensolarados, o que encaixou bem com o clima do clipe. Na verdade, só aparece aquele cenário grandioso e a única pessoa em cena sou eu".

Além dessas imagens de Rihanna cantando sozinha em cenários deslumbrantes, Anthony também filmou a cantora num balanço gigante, deitada no meio de flores silvestres e cercada por balões gigantescos.

Rihanna contou ao pessoal do site JustJared.com: "Nós fizemos uma cena muito legal em que eles me suspendem [presa por correias]. Eu fiquei me balançando a muitos e muitos metros do chão. Foi uma loucura. Eles me içaram com um guindaste e me posicionaram suspensa no ar no alto de uma montanha à beira de um penhasco, para ficar me balançando ali. Deu *muito* medo, mas foi legal!".

Os fãs adoraram ver Rihanna com um ar tão contente e relaxado, e as resenhas chamaram atenção para o clima "mulherzinha" do clipe se comparado aos anteriores "Hard" e "Rockstar 101".

Quando Katy Perry se casou com Russell Brand, no dia 23 de outubro de 2010, numa cerimônia exuberante na

Índia, a sua melhor amiga não estava presente. Rihanna queria muito ter comparecido, mas diversas razões a impediram. Consta que a cantora passou esse fim de semana inteiro presa no estúdio às voltas com gravações para o seu próximo disco.

Nas semanas seguintes, não faltaram repórteres para perguntar a Rihanna como se sentia por ter perdido o grande dia de Katy, e a estrela sempre respondeu a eles com sinceridade. A Ryan Seacrest, da rádio KIIS-FM de Los Angeles, ela disse: "Eu nunca, nunca vou me perdoar por isso – foi um período enlouquecido, uma semana enlouquecida, porque eu estou trocando de empresário".

"Não havia sinal de telefone na Índia, e a conexão com a internet era precária ou inexistente. Portanto, teria sido irresponsabilidade da minha parte. Eu fico triste por não ter comparecido."

Consta que Rihanna deu para o casal um presente exclusivo e caríssimo: uma viagem com tudo pago para Tóquio!

O jornal *Sun* publicou que o presente de casamento de Rihanna haviam sido duas passagens de primeira classe para Tóquio e quatro noites no luxuoso Hotel Mandarin Oriental, numa suíte cuja diária custava 1.500 libras. Rihanna preferiu não falar do assunto: ela declarou aos repórteres que o presente seria muito legal, mas que deixaria Katy dar os detalhes, embora aparentemente outra pessoa tenha feito isso antes.

Nas semanas seguintes, a imprensa assediou Katy com perguntas sobre como ela se sentira com a ausência da amiga na cerimônia, e ela precisou reafirmar que a amizade entre as duas seguia mais forte do que nunca.

Katy disse à revista *Now:* "Eu fiquei chateada porque ela não pôde comparecer, mas garanto a vocês que não me senti mais chateada do que a própria Rihanna. Quando você está para lançar um disco, não sobra um segundo livre na sua rotina, e você fica completamente à mercê da sua gravadora".

"Ela ficou arrasada por não ter estado lá, mas nós continuamos sendo grandes amigas. Rihanna organizou a melhor despedida de solteira do mundo, e eu vou adorá-la para sempre. Foi uma dessas coisas chatas que acontecem na vida."

Depois que Katy e Russell trocaram alianças, muita gente começou a perguntar quando é que Rihanna e Matt iriam dizer o seu "sim". Até a própria Katy tentou encorajá-la, como Rihanna contou à MTV: "Katy acha que eu deveria me casar já, mas ela vai ter que ter um pouco de paciência. Um dia eu pretendo fazer isso, claro, mas ainda não – nós estamos nos divertindo demais assim".

Ela também foi indagada sobre quando pretende gerar algumas RiRis em miniatura, mas disse que não sabe sobre isso. "Eu não faço planos envolvendo uma idade certa. Pode ser daqui a um ano, ou pode ser daqui a dez anos. Quando for o momento certo", ela explicou à *Interview*. "Afinal, eu tenho muitas outras coisas para conquistar antes de chegar a essa etapa dos filhos. Quando for o momento para isso, eu vou saber."

Em outra entrevista, Rihanna afirma acreditar que uma criança "merece ter ambos os pais". Ela declarou à revista *Interview:* "Eu estou tentando dizer que vou enfrentar o que a vida me reservou do jeito que for, mas, segundo o manual, vem primeiro o casamento e depois os filhos".

Se ela pudesse, adoraria criar seus futuros filhos em Barbados, mas sabe que isso não vai ser possível caso decida permanecer na indústria da música: como cantora, é preciso estar nos Estados Unidos. E isso é uma pena, pois se estivesse na ilha teria a mãe, as tias e os primos por perto para ajudar. Caso Rihanna venha mesmo a ter filhos no futuro, terá que contar com os serviços de babás, porque seus familiares moram muito longe. Pode ser que aumentar a família encoraje RiRi a reduzir o ritmo e a fazer intervalos maiores entre os lançamentos dos seus discos.

A estrela não mostra preferência por ter meninas ou meninos, mas acha que se tiver uma menina provavelmente será uma garotinha bem rebelde, para lhe dar uma lição depois de todo o trabalho que deu à sua mãe na infância e na adolescência!

Poucas semanas depois da ausência no casamento de Katy, Rihanna tomou a decisão de abrir uma empresa chamada Rihanna Entertainment. Essa é uma prática muito comum depois que os artistas se estabelecem no mercado, pois funcionando como empresas eles podem ter maior controle da sua carreira e ficar com uma porção maior dos lucros. A companhia recém-fundada por Rihanna controla sua música, seus filmes, os perfumes, futuras coleções de moda, livros, publicidade e qualquer outro tipo de empreendimento com o qual ela venha a se envolver.

A cantora também tomou a decisão de mudar de empresários e deixou de trabalhar com Marc Jordan e a Rebel One Management. Em vez disso, sua carreira passaria a ser empresariada pela Roc Nation Management, de Jay-Z. Em declaração à agência de notícias Associated Press, Rihanna afirmou que estava "muito empolgada por dar esse novo passo na carreira".

Os fãs já sabiam que algo do gênero iria acontecer, pois tinham ouvido a estrela falar sobre a troca de empresários depois que deixou de comparecer à cerimônia de casamento de Katy e Russell. É claro que ela jamais vai poder voltar no tempo e compensar essa ausência, mas talvez as mudanças em sua organização profissional impeçam que algo semelhante volte a acontecer no futuro.

Depois de se acomodar no seu novo papel como mulher de negócios, Rihanna se mostrou satisfeita com os progressos que constatou. Enquanto promovia o disco *Loud,* ela falou à MTV sobre como estava se sentindo. Segundo suas palavras, houve "bastante crescimento, bastante responsabilidade na hora de assumir o controle dos meus próprios negócios e esse tipo de coisa".

"A sensação é muito boa, porque quanto mais próxima você está dos seus negócios, mais clareza consegue ter sobre uma série de coisas. É um tipo de responsabilidade que não pesa. Eu estou me sentindo muito bem."

Em outra entrevista ao *USA Today,* ela admitiu que precisou se certificar de que estava 100% preparada para tomar conta do próprio negócio antes de montar a Rihanna Entertainment, dizendo: "Você não pode assumir grandes responsabilidades se não for capaz de lidar com elas de maneira sensata, e por isso eu esperei até o momento mais adequado. E agora ele apareceu. Lidar com os negócios é algo que exige muita seriedade. Eu me sinto, tipo, bem velha quando estou fazendo isso. Acho que cresci no processo".

Ela também estava feliz por conta do relacionamento com Matt Kemp e declarou à revista *Marie Claire:* "Eu sinto que desta vez o meu sorriso é pra valer. Os sorrisos vêm de dentro e se derramam para tudo o que eu faço. As pessoas estão sentindo que a minha energia está diferente. Quando eu sorrio elas podem ver que é alegria pura, não um jeito de disfarçar algo".

"A coisa mais importante que existe é ser feliz e verdadeiro consigo mesmo. Eu não quero olhar para trás daqui a trinta anos e dizer: 'Eu fiz de tudo para deixar as pessoas felizes, mas não aproveitei o momento'. Quero poder dizer que as pessoas me amaram por causa daquilo que eu sou."

Rihanna parecia tão feliz ao lado de Matt que muitos fãs já estavam certos de que ele devia ser o homem ideal para ela. Eles esperavam o anúncio do noivado do casal a qualquer momento, embora os dois só estivessem saindo juntos havia menos de um ano. Ao ver o casamento de Katy os fãs de Rihanna passaram a desejar o mesmo para a sua estrela adorada, e não faziam ideia de que o desfecho seria diferente do que planejavam.

VOCÊ É TÃO INCRÍVEL!

Em outubro de 2010, Rihanna decidiu lançar "What's My Name?" com a participação de Drake. A faixa conquistou o 1º lugar nos Estados Unidos, Reino Unido, Brasil e Hungria, ficou como número 3 na Irlanda, Eslováquia e Nova Zelândia e foi número 4 na Noruega. O parceiro de estúdio, Drake, na verdade fez parte do passado amoroso da cantora.

Algumas semanas depois do rompimento com Chris Brown, em 2009, circularam boatos na imprensa de que Rihanna e Drake estariam juntos, depois que fontes afirmaram ter visto os dois abraçados e se beijando na Lucky Strike Lanes, uma pista de boliche em Nova York. Rihanna conheceu Drake quando o procurou para que compusesse uma canção para o disco *Rated R.* No final, a faixa de autoria dele ficou de fora da seleção definitiva.

Um ano mais tarde, a cantora admitiu ter se sentido atraída por Drake na ocasião, mas explicou que não estava pronta para um novo envolvimento porque acabara de romper o namoro com Chris. Numa entrevista no rádio para a Hot 97, ela afirmou: "Nós não tínhamos muita certeza do que era aquilo. Estávamos saindo juntos – com os meus amigos, com os amigos dele. Certamente eu me sentia atraída pelo Drake, mas acho que as coisas são como são, ou eram como eram. Nós não queríamos levar aquilo adiante. Eu estava passando por um momento muito delicado da minha vida e não queria saber de nada sério com ninguém".

A visão de Drake sobre o que houve entre os dois pareceu um pouco diferente, segundo ele declarou ao *New York Post* em junho de 2010: "Eu fui um joguete. Vocês querem saber o que ela estava fazendo comigo? A mesma coisa que eu fiz com tantas mulheres que passaram pela minha vida: curtir bons momentos juntos e depois desaparecer. E a sensação é péssima".

Rihanna foi indagada por repórteres da Rádio Power 105,1 sobre como havia se sentido ao ouvir falar em "joguete" e deu a sua resposta: "Eu diria que isso é um equívoco, ele não sabe o que está dizendo. Nós nos aproximamos como amigos e decidimos parar por aí. Há uma boa sintonia entre nós. Drake tem uma jovialidade legal e faz um trabalho muito melódico nas suas composições, e eu senti que precisava de alguma coisa assim para 'What's My Name?'".

Provavelmente os dois já devem ter se acertado a esta altura, pois se Drake ainda tivesse problemas com RiRi os dois não teriam feito a gravação juntos. Ela teria chamado outra pessoa.

O videoclipe teve a direção de Philip Andelman, e a filmagem aconteceu em Nova York. Rihanna nunca tinha trabalhado com esse diretor antes, mas gostou das ideias dele. Ela tomou a decisão de apresentar um visual "rainha do dancehall de grife" no clipe. As cenas externas foram filmadas no dia 26 de setembro de 2010 e as imagens dela contracenando com Drake foram feitas um mês depois, em 27 de outubro.

Na história, Rihanna sai para comprar leite e sorri quando vê Drake conversando com o atendente. Quando ele se aproxima, ela derruba a caixa de leite no chão. Há cenas da cantora caminhando por Manhattan, se aproximando de Drake em casa, bebendo champanhe com ele e, no final, dançando com amigos numa festa à noite animada por percussionistas.

O clipe foi filmado nas ruas de Nova York diante dos olhares de centenas de curiosos e também dos *paparazzi*. Alguém gravou imagens de Rihanna em ação e postou na internet. Por frustrante que isso deva ter sido para a estrela, era praticamente inevitável que acontecesse sem um *set* de filmagens fechado.

Como as coisas não evoluíram para nada mais sério entre Drake e RiRi, os dois puderam contracenar em "What's My Name?". Rihanna tinha consciência de que o vídeo talvez tivesse deixado Matt chateado ou se sentindo desconfortável, mas ela disse ao apresentador da rádio: "[Matt] nunca me disse nada, mas eu não sei o que passa pela cabeça dele. Ele assistiu outro dia e falou: 'Eu adoro esse clipe. É bom mesmo, *babe*'. Eu não sei quanto de verdade houve nesse comentário, mas ele parecia ter gostado mesmo".

Na verdade, Rihanna achou um pouco estranho ter que ficar tão próxima de Drake quando as filmagens começaram, mas depois de um tempo ela conseguiu relaxar e encarnar a personagem. Estar no meio de tanta gente também a deixou nervosa – a cantora não esperava que as cenas de rua fossem reunir uma multidão de curiosos como aconteceu, e isso foi outra dificuldade no começo. Ela contou à BBC Radio 1: "Eu tomei uma dose de bebida antes de começar o trabalho, depois fui para a rua e fiz o que tinha que fazer – havia um monte de gente olhando e câmeras espalhadas por todo lado. Eu tive que me concentrar para poder filmar".

Nessa mesma entrevista ela também confessa estar apaixonada por Matt, dizendo: "É muito complicado, porque nós dois passamos a maior parte do ano longe um do outro e temos agendas muito atribuladas. Às vezes isso dificulta as coisas, mas é assim mesmo. Eu estou apaixonada e muito feliz, mas nós estamos namorando só há poucos meses e não queremos saber de casamento por enquanto – não vamos precipitar as coisas".

Depois que o clipe ficou pronto ela apresentou a canção sozinha diversas vezes, inclusive no palco do programa de TV americano *Saturday Night Live* e na final de *The X Factor*, no Reino Unido. A primeira apresentação ao vivo com Drake foi na cerimônia de entrega do Grammy 2011, em fevereiro desse ano. A segunda foi no seu aniversário, quando Rihanna estava se apresentando no evento de basquete All Star Game, da NBA.

A estrela participou de um vídeo em realidade aumentada para o projeto "Doritos Late Night" em outubro de 2010. Ela gravou a canção "Who's That Chick?" com David Guetta e os dois filmaram duas versões do clipe, uma ambientada de dia e a outra à noite. Para terem acesso à versão noturna do clipe, os fãs precisavam comprar um pacote do salgadinho Doritos Late Night e usar os seus smartphones ou câmeras digitais para escanear um código impresso na embalagem, que os enviava diretamente para o link do vídeo e permitia que mudassem o ponto de vista da câmera mexendo o pacote de salgadinho. Através do acesso via código da embalagem, também era possível alternar entre o clipe diurno e o noturno.

A filmagem dos dois clipes foi uma experiência estranha para Rihanna, porque eles tinham de ser idênticos: foi usada a mesma coreografia e os mesmos ângulos de câmera, só com figurinos e alguns elementos de cena diferentes.

Um terceiro videoclipe – que mostrava David Guetta a bordo de uma espaçonave vendo Rihanna pelos monitores – foi lançado em janeiro de 2011 (as cenas com Rihanna foram tiradas de clipes anteriores da cantora). A canção foi incluída no disco de Guetta *One More Love,* e a faixa foi liberada para quem quisesse baixá-la via internet no dia 22 de novembro.

"Who's That Chick?" é uma música de David Guetta com participação de Rihanna, e não o contrário, mas emissoras de rádio britânicas insistiram em anunciar que a faixa fazia parte do disco *Loud* quando ele foi lançado pela primeira vez. A consequência disso foi que os empresários de David fizeram contato com todas as emissoras pedindo que retirassem "Who's That Chick?" da sua programação. A meta deles era que os fãs da música fossem às lojas procurar o disco *One Love,* de David Guetta, e não o de Rihanna. A faixa acabou conquistando o 6º lugar na parada de sucesso do Reino Unido, mas podia ter conseguido uma colocação melhor se tivesse continuado a tocar nas rádios.

Ela ficou com o 1º lugar na Eslováquia e na Bélgica, foi número 4 na Áustria e na Irlanda, número 5 na Noruega, França, Finlândia e Espanha e número 6 no Reino Unido, Alemanha e Holanda. O desempenho no mercado americano, entretanto, foi bem menos expressivo, alcançando o 51º lugar. E a verdade foi que a própria Rihanna encarou a canção mais como uma ação de publicidade de Doritos do que como um single em si.

Numa entrevista ao *Entertainment Weekly*, perguntaram à cantora se ela não havia tido alguma hesitação em fazer uma música que falava de estar se divertindo num clube noturno depois de tantas outras com esse mesmo tema. Rihanna respondeu com sinceridade: "É, eu sei disso. E é por isso que ela foi vendida como faixa bônus, e não como parte integrante de *Loud*. É uma música ótima, mas que não arrisca nada. Vai pelo mesmo caminho de um monte de outras por aí".

A sua versão favorita do clipe foi a do "Dia", por causa dos tons vibrantes nas cenas. Ela também combinava com os seus novos rumos em termos de estilo, agora que Rihanna decidira acrescentar mais cores brilhantes ao seu guarda-roupa. O clima *dark* da turnê "Last Girl on Earth" estava começando a ficar para trás.

No Halloween de 2010, Rihanna subiu ao palco televisivo do *X Factor Results Show* para apresentar uma versão de "Only Girl (In the World) *a la* Chapeleiro Maluco. No início da apresentação, ela surgiu sentada a uma mesa comprida, saboreando um banquete servido por garçons para convidados elegantes. Ao começar a cantar, ela se levantava, subia na mesa e andava por ela como se fosse uma passarela. Então ela comia um pouco de bolo antes de jogá-lo nos convidados. Esse ato desencadeava uma batalha de comida generalizada, e a canção terminava com Rihanna sentada novamente à mesa.

O time de jurados do *X Factor* amou a apresentação, mas o apresentador Dermot O'Leary a considerou um tanto bizarra demais – afinal, a guerra de comida continuou rolando solta enquanto ele estava entrevistando Rihanna. Ele queria que aquilo parasse, mas a cantora lhe disse: "Está divertido, deixe-me provar um pouco. Que delícia!".

Depois que ela deixou o palco, a equipe do programa teve só alguns minutos para arrumar a bagunça durante o intervalo comercial. Sinitta estava assistindo da plateia e twittou: "O palco está cheio de bolo e de creme!!! Hahah eles estão escorregando enquanto tentam limpar!! Um minuto para dar conta da bagunça! Acho que não vão conseguir!".

Depois que o programa terminou, Rihanna estava faminta e foi jantar num restaurante japonês em Knightsbridge, seguindo mais tarde para a boate Whisky Mist.

A HORA DO ADEUS

Rihanna viajou até Barbados para o funeral com honras de estado do primeiro-ministro David Thompson, no dia 3 de novembro de 2010. No trajeto para o estádio Kensington Oval, ela foi aplaudida pela população. Muita gente duvidou que ela comparecesse, mas a cantora fez questão de estar presente: ela precisava prestar sua última homenagem. Dez mil pessoas estiveram presentes à solenidade, e a tevê local a transmitiu ao vivo para os habitantes da ilha. Rihanna chorou durante a cerimônia.

A estrela divulgou um tributo na forma de um texto curto, que foi publicado pelo site NationNews.com. Suas palavras foram: "Eu estou muito entristecida com o falecimento do primeiro-ministro David Thompson. Ele foi um grande homem. Sempre honrado, mesmo lutando contra o câncer ele fez questão de cumprir as suas responsabilidades políticas. Foi uma perda imensa para o nosso país. Meus sentimentos à família, que o amava profundamente, aos seus amigos e a toda a população de Barbados".

Ter tido a chance de conhecer David Thompson em vida, assim como outros políticos de seu país natal, por conta do seu papel como Embaixadora da Cultura e da Juventude de Barbados, foi algo que fez Rihanna pensar em ingressar na carreira política. Entretanto, como ela admitiu a um repórter do *Sun,* antes que isso acontecesse ainda haveria um longo aprendizado a percorrer. A cantora disse: "Eu não sou hábil politicamente no momento. Fico assustada, porque sou muito jovem. Mas talvez algum dia, daqui a muitos anos, ou muitas décadas, eu me envolva com isso. Eu penso que mais astros do pop deveriam se preocupar com o seu país e com a maneira como ele é administrado".

A visita de Rihanna a Barbados foi curtíssima, pois no dia seguinte ela estava sendo esperada para inaugurar a iluminação de Natal do Shopping Center Westfield, em Londres. Ainda era o dia 4 de novembro, muito cedo para pensar no assunto, mas a cantora se esforçou para entrar no espírito natalino. Não deve ter sido fácil estar chorando a morte do primeiro-ministro num dia e ter que se mostrar alegre e animada diante de centenas de pessoas no dia seguinte.

Ela twittou para os seus fãs: "Westfield Mall, Londres! Está UMA LOUCURA aqui! #RihannaNavy nada é melhor do que vocês". Quando foi indagada pelo apresentador George Lamb sobre o que iria pedir de Natal, ela respondeu que seria "mais sono", e antes de iniciar a contagem regressiva pediu às centenas de fãs na plateia que incluíssem o disco *Loud* em suas listas de presentes.

"Eu desejo que todos vocês ganhem todos os presentes que quiserem!", gritou ela.

Na noite seguinte, ela precisava estar em Madri para uma apresentação na festa de aquecimento para o MTV EMA Awards local. A agenda estava cheia mais uma vez. A pobre RiRi devia estar se sentindo exausta depois de todas as viagens da semana, mas ela seguiu adiante, aproveitando qualquer minuto livre para tentar recuperar o sono perdido.

Ela havia sido convidada para dividir o palco com Bon Jovi, e mal pôde acreditar que eles a tivessem escolhido. A ficha não chegou a cair nem mesmo quando os dois estavam lado a lado cantando os versos de "Livin' On A Prayer"; aquilo tudo era como um sonho. Mais tarde, ela twittou para os fãs: "Espere aí!... Eu estava mesmo cantando com Bon Jovi???? PQPPPPP!!!!!!"

Jon Bon Jovi considerou que Rihanna se saiu muito bem e declarou ao *Daily Star:* "Ela foi maravilhosa. Nós nem ensaiamos. Ela simplesmente chegou para a passagem de som e já pegou a música de primeira. Eu ouvi dizer que ela está aprendendo a tocar guitarra, mas quem precisa de guitarra quando se tem uma voz daquelas? Foi o máximo.

Ela cantou divinamente, e é uma garota muito querida, além de ser nossa grande fã. Foi demais!".

Bon Jovi provavelmente não soube disso, mas aquela noite no palco do Teatro Circo Price foi o ponto alto do ano para Rihanna. "Livin' On A Prayer" era uma das suas canções favoritas, e ter a chance de cantá-la junto com Bon Jovi foi realizar um sonho. Ela ouvia as canções do roqueiro com seus amigos desde a adolescência.

A premiação da MTV aconteceu na noite seguinte, e embora Rihanna não tenha sido contemplada em nenhuma categoria, ela parecia feliz quando subiu ao palco da cerimônia para apresentar "Only Girl (In The World)" usando uma coroa e um minivestido *nude* acinturado. Katy Perry ganhou o prêmio de Melhor Videoclipe por "California Gurls", então pelo menos uma das amigas saiu premiada. Já Lady Gaga venceu em três categorias: Melhor Artista Feminina, Melhor Artista Pop e Melhor Canção para "Bad Romance".

Depois que a cerimônia de premiação terminou, Rihanna e Katy foram para um restaurante italiano com Russell e Matt, sem dúvida para comemorar a vitória de Katy e a notícia de que "Only Girl (In The World)" emplacara como número 1 no Reino Unido depois de desbancar a campeã anterior, "Promise This", de Cheryl Cole. E as meninas sem dúvida se destacaram no meio da clientela habitual do restaurante, já que Rihanna estava usando um minivestido azul brilhante com as costas nuas assinado por Emilio Pucci e Katy ainda exibia o vestido verde e prateado com detalhes de plumas com que fora receber o seu prêmio.

O quinto álbum de Rihanna se chamou *Loud* e chegou às lojas em 12 de novembro de 2010. As gravações haviam sido feitas durante a turnê "Last Girl on Earth", entre os meses de fevereiro e agosto. O trabalho tinha uma energia bem diferente de *Rated R,* com batidas mais animadas e uma levada mais dance e pop. Antes do lançamento, a cantora disse aos fãs o que esperar numa declaração publicada no site do seu fã-clube oficial, o RihannaDaily.com: "Eu quero todo mundo numa onda LOUD, bem louca e animada, porque eu estou nessa. Eu vou ser simplesmente EU

MESMA, porque é isso que vocês mais amam e é o que me faz sentir melhor".

"Eu estou sendo normal, só que o normal para mim é LOUD! É ser provocante, divertida, sedutora e cheia de energia."

Cem dos melhores compositores e produtores foram convidados a escrever canções para serem incluídas em *Loud*, e coube a Rihanna fazer uma seleção das suas favoritas. Os compositores participaram de grandes *workshops* de composição que aconteceram em Miami e Los Angeles, e Rihanna e sua equipe forneceram as suas ideias e os temas que gostariam de ver trabalhados no disco.

No dia em que o seu disco *Loud* foi lançado, RiRi estava se sentindo tão empolgada que foi como se fosse o seu aniversário. Ela tinha entrevistas promocionais na agenda, mas uma parte da animação era por conta da notícia de que o irmão Rorrey (21 anos) estava a caminho para uma visita.

Rihanna sempre faz questão de comprar um exemplar de cada disco seu, para passar pela mesma sensação que os seus fãs experimentam. A cantora adora ir até uma loja, ver o disco na prateleira e pagar pela sua cópia.

A maior parte dos músicos gostaria de tirar alguns meses de folga logo depois de lançar um disco e cumprir a agenda de ações promocionais, mas isso não vale para Rihanna. Ela adora lançar os seus álbuns um atrás do outro e não vê sentido em parar de trabalhar. Sempre uma artista dos palcos, o que ela quer é criar canções maravilhosas para os seus fãs. É como declarou ao *Good Morning America:* "Não existe nenhuma regra dizendo que você tem que fazer uma pausa entre os discos. Nós estamos aqui para fazer músicas, e os fãs querem músicas".

"Eu sinto que os fãs amadurecem comigo, porque cada disco que eu lanço traz a vibração do estágio de vida em que eu estou naquele momento."

Loud chegou ao mercado depois que "Only Girl (In the World)" e "What's My Name?" já tinham sido lançadas.

A letra explícita de "Man Down" provocou certa polêmica com a descrição que a cantora faz da situação de atirar para matar um homem em plena Central Station, mas os versos trazem também um significado oculto: "É uma sacada muito inteligente, e eu adoro o fato de ter uma letra que você normalmente não ouviria numa voz feminina. O ritmo tem elementos bem jamaicanos e caribenhos, que falam ao meu coração".

Quando indagada sobre a música, RiRi explicou à *Q Magazine:* "É uma analogia. A canção fala de partir o coração de um sujeito. De acabar com as suas esperanças e provocar sofrimento, que é como dar um tiro em alguém".

Uma das suas faixas favoritas do disco é o hino "Cheers", que traz os vocais de Avril Lavigne sampleados da sua balada "I'm With You". A canção tem uma energia otimista e é uma das que grudam mais facilmente na memória de quem escuta o disco. A cantora também gostou dessa qualidade "chiclete" de "What's My Name?".

Rihanna ficou desapontada por não ter conseguido levar Avril Lavigne para regravar especialmente o trecho da sua "I'm With You" que foi usado em "Cheers (Drink To That)". Ela ia fazer o pedido a Avril quando descobriu que os seus produtores já haviam inserido o *sampler* da gravação original e que era tarde demais. No entanto, mesmo sem ter a regravação de Avril, o resultado não deixa ninguém sentir a diferença.

Rihanna disse à MTV: "Eu fico feliz por termos conseguido usar o trecho sampleado, porque ele se transformou numa parte tão importante do trecho instrumental que a sua ausência modificaria totalmente a energia da canção".

"'Cheers' é uma das minhas canções favoritas. Ela dá vontade de comemorar. Faz você se sentir bem por dentro, com vontade de sair para tomar um drinque. As pessoas ficam loucas para que chegue o fim de semana."

Em outra entrevista, Rihanna revelou ao *Entertainment Tonight:* "Loud (ou 'alto') é a palavra, o título do disco certamente reflete a sua energia – uma coisa bem provocante e sedutora, que prende a sua atenção, e é isso que me agrada nele. Ele leva você para uma viagem bem interessante. É um disco muito colorido!".

E acrescentou que, para ela, a canção mais pessoal do disco era "Fading", porque "fala do fim de um relacionamento, como lidar com isso e tocar a vida adiante".

Para a BBC, a cantora declarou: "Eu queria que ele passasse a energia e o momento que estou vivendo agora – é isso que eu sempre busco com a minha música. Neste momento eu estou me sentindo muito para cima, muito dona do meu nariz, e mal posso esperar para que as pessoas escutem esse disco novo. Ele traz uma variedade grande de sonoridades, mas no caso desse trabalho elas fazem sentido juntas. Uma das faixas é a reprodução direta de uma gravação jamaicana, e eu adorei o resultado – tem até um trechinho de bate-papo meu no final, haha".

O disco teve um bom desempenho, ficando com o 1º lugar nas paradas musicais do Reino Unido, Irlanda, Croácia, Japão e Noruega. A canção foi número 2 na Austrália, Alemanha e Bélgica e número 3 nos Estados Unidos, Áustria, França e Rússia. A lista de compositores, produtores e parcerias musicais que atuaram no disco inclui nomes como Drake, Ne-Yo, Nicki Minaj, Taio Cruz, Sean Garrett, Alex da Kid, Timbaland, Rico Love, Ester Dean, David Guetta e Shontelle.

Quando saiu a notícia de que na primeira semana nos Estados Unidos as vendas de *Loud* haviam ficado 10 mil cópias abaixo da marca atingida por *Rated R,* houve quem achasse que Rihanna reagiria com preocupação, mas isso não aconteceu. A cantora não se deixa assustar facilmente, e ela sabia que uma única semana de vendas não era o que determinaria o sucesso ou fracasso do álbum. E, de fato, se esse disco vendeu apenas 170 mil cópias naquela primeira semana, era bom lembrar que "Good Girl Gone Bad" passou de apenas 160 mil cópias vendidas na primeira semana para a casa dos milhões de vendas!

O lançamento do disco gerou reações variadas da crítica. O *Los Angeles Times* e o *USA Today* deram três estrelas em quatro nas suas resenhas, mas *Loud* conseguiu apenas três estrelas em cinco nas avaliações das revistas *Rolling Stone* e *Slant.* Em sua resenha para o *Boston Globe,* o jornalista James Reed descreveu o disco como "uma volta desavergonhada de Rihanna para o seu lugar por excelência: a pista de dança. Como que se libertando das profundezas, ela vem como uma potência nas 11 faixas, pulando do eletro-pop de 'Only Girl (In the World)' para o tom meloso-Taylor Swift sob medida para emplacar nas listas de Top 40 de 'California King Bed'". O Metacritic deu nota 67 – num máximo de 100 pontos – para o disco com base em 22 resenhas diferentes (a pontuação ficou ligeiramente abaixo da conquistada por *Rated R*, que teve nota 76).

A lista de canções do disco era:

1. "S & M"
2. "What's My Name?" (com participação de Drake)
3. "Cheers (Drink to That)"
4. "Fading"
5. "Only Girl (In the World)"
6. "California King Bed"
7. "Man Down"
8. "Raining Men" (com participação de Nicki Minaj)
9. "Complicated"
10. "Skin"
11. "Love the Way You Lie (Part II)" (com participação de Eminem)

Para o lançamento de *Loud* no Reino Unido, Rihanna convidou a imprensa para curtir com ela uma festa muito especial em West End. Todos saborearam drinques enquanto eram apresentados a cinco das músicas, e em seguida a cantora falou sobre algumas faixas específicas e sobre como quis criar um disco só com faixas que as pessoas iriam querer ouvir direto, do início ao fim. A ideia era que ninguém apertasse o botão para pular trecho algum.

Rihanna também organizou uma ação promocional especial em Paris, a fim de gerar expectativa nas pessoas para o lançamento de *Loud*. Além de dar entrevistas nesse dia, ela foi ao programa da TV francesa *Le Grand Journal* cantar "Only Girl (In the World)" em cima de um palco coberto de balões brancos. Depois da apresentação, Rihanna estava sendo entrevistada quando de repente a apresentadora do programa correu para o palco e começou a interpretar a sua versão própria da música, com direito ao acompanhamento de duas dançarinas! Rihanna riu, achando a situação genuinamente engraçada, mas no instante seguinte todo mundo da plateia começou a se levantar e a ir até o palco também. O momento deve ter sido bem surreal para RiRi.

Durante sua passagem por Paris, Rihanna arrumou tempo para uma passada com algumas amigas na loja da grife Prada, onde deu uma olhada rápida nos tênis. A cantora também esteve no ateliê de Jean Paul Gaultier, junto com Matt Kemp e o seu grupo de acompanhantes, e foi clicada enquanto jantava no restaurante Sardana A Tavola.

A arte de capa escolhida para o disco *Loud* foi uma foto em *close* do rosto de Rihanna mostrando até a ponta de um dos ombros. Ela está com os olhos fechados e a boca ligeiramente entreaberta. Os lábios estão pintados de vermelho forte e as mechas vermelhas do cabelo emolduram a imagem. Parte da tatuagem da "rebele fleur" no seu pescoço pode ser vista de relance. Essa capa é a primeira da carreira de Rihanna a não trazer o seu nome na frente, e há um letreiro na parte de baixo onde se lê apenas "L O U D". Sob muitos aspectos, isso mostra quanto a cantora havia conquistado desde *Music of the Sun,* seu disco de 2005. Ela hoje é tão conhecida que não precisa se identificar com o nome na capa do disco: as pessoas reconhecem instantaneamente o seu rosto, assim que o veem na fotografia.

A arte de capa de "Only Girl (In the World)" foi a primeira dessa série do disco *Loud* a ser apresentada aos fãs, porque o disco mesmo não havia sido lançado ainda. A música foi o single que marcou a transição de *Rated R* para *Loud,* o que talvez possa explicar por que Rihanna deu continuidade à série de capas mostrando imagens reveladoras do seu corpo. Na capa de "Only Girl (In the World)" ela aparece nua e ajoelhada em um campo, segurando um vestido vermelho diante do corpo. A tatuagem no quadril está bem visível, e a estrela usa um colar e um bracelete. O cabelo está solto e esvoaçante, num estilo que se repete ao longo das outras capas dos singles do disco *Loud.* O nome da cantora não aparece, só um logotipo mais suave do "R" no canto superior esquerdo e o título do single abaixo da imagem.

Para a arte da capa de "What's My Name?", Rihanna escolheu uma foto linda em que está parecendo uma dama de honra. O cabelo aparece solto, enfeitado por uma faixa de flores de *strass*, e o único sinal da roupa que se vê é um pedaço de tule cor de pêssego. A imagem tem um filtro azulado, presente também em outras capas de singles desse disco. O fundo, também em um tom pêssego, dá a impressão de um raio de sol brilhando sobre Rihanna, com parte do seu cabelo coberta pela luz. O logotipo do "R" mais suave aparece no canto superior esquerdo, enquanto o nome da canção e a informação sobre a participação de Drake estão na parte de baixo.

A arte da capa de "S & M" seguiu por um caminho bem diferente do videoclipe da música: na imagem borrada, vemos Rihanna com o corpo inclinado para a frente, o cabelo desfeito e grandes colares de contas de madeira no pescoço. Seu olhar está voltado para baixo, e novamente a imagem tem um tom azulado. A maquiagem é bem sutil, e no canto inferior esquerdo vem o logotipo do "R" mais suave e o nome da cantora. Do lado oposto, vemos o título "S & M" numa tipologia que imita a escrita cursiva.

Para "Man Down", Rihanna escolheu uma foto em preto e branco do seu rosto. Ela está com dois dedos pousados nos lábios, um anel gigante de flor na mão esquerda e óculos escuros cobrindo os olhos. O título do single aparece numa letra que imita tatuagem do lado direito da foto, junto com o nome da cantora.

A arte da capa de "California King Bed" mostra RiRi sentada, usando um vestido cor de creme e mordendo o colar. Ela está olhando para alguém ou alguma coisa para além da câmera. A imagem tem um clima suave e romântico, com o título do single no canto inferior direito. O "R" aparece no canto superior esquerdo.

Poucos dias depois do lançamento de *Loud,* RiRi saiu para comer com o pessoal da sua gravadora em Nova York e Justin Bieber estava no grupo. A cantora postou no Twitter: "Justin Bieber me mostrou os músculos no

AMERICAN MU
dick clark productions
AMERICAN MUSIC AWA
20
AMERICAN
dick clark productions
AMERICAN MUSIC AWARD
201

meio do restaurante! Uau! A barriga dele é de tanquinho! Que sexy, LOL! #Beliebersnãomematem".

RiRi estava conversando com Justin quando resolveu perguntar se ele tinha a barriga musculosa, e quando o cantor disse que sim ela lhe pediu que mostrasse. Depois do tweet dela, Justin postou: "Jantar ótimo com a linda @ rihanna... Eu não tenho do que reclamar... RiRi... se liguem no disco novo".

Justin uma vez declarou que chamara RiRi para sair, mas que ela recusara o convite dizendo que ele era jovem demais para ela. Mesmo assim, a cantora não deixa de gostar dele, e quando lhe perguntaram numa entrevista se curtia mais Justin Bieber ou Jonas Brothers, a resposta veio na hora: "Justin!".

Depois de curtir o seu jantar com Justin e o pessoal da gravadora, RiRi precisou trabalhar duro nos dias que antecederam sua grande apresentação no American Music Awards do dia 21 de novembro de 2010. Ela recebera a missão de abrir o show, e fez isso em grande estilo, trinando uma versão *a capella* de "Love The Way You Lie Part II" no alto de uma árvore e depois "caindo" para ressurgir no palco e cantar "What's My Name?" e "Only Girl (In the World)". Rihanna iniciou a apresentação sozinha, monopolizando a atenção da plateia com seu canto e sua dança antes de receber no palco a companhia dos seus dançarinos e percussionistas. Foi um show impecável, que mostrou ao público que Rihanna merece, sem dúvida, o título de uma das maiores *performers* do mundo. A plateia presente no evento, que incluía nomes como Beyoncé, Justin Bieber, Usher, Katy Perry, Pink e muitos outros artistas e pessoas ligadas à indústria da música, aplaudiu-a de pé.

Rihanna ganhou nessa noite o prêmio de Cantora Favorita de Soul/R&B, que disputava com Alicia Keys e Sade. Ela recebeu o troféu das mãos de Nicki Minaj, Taio Cruz e Trey Songz. Em seu discurso, agradeceu aos fãs, a L. A. Reid, à Def Jam, à Roc Nation e à sua equipe o apoio, antes de dar um tapinha no traseiro de Nicki quando estavam saindo do palco!

POLÊMICA

Rihanna voltou ao programa de TV *The X Factor* em dezembro de 2010, dessa vez para um dueto com Matt Cardle na final. Cada um dos candidatos finalistas teria que cantar num dueto, e Matt ficou extasiado com a chance de cantar "Unfaithful" ao lado da estrela. Depois da apresentação, ela disse à plateia: "Ele é fantástico, é um sujeito adorável, e para mim é uma honra subir ao palco em sua companhia. Eu realmente adoro o seu trabalho e lhe desejo tudo de melhor. Esse rapaz vai longe!".

O dueto de Rihanna e Matt foi, sem dúvida nenhuma, o melhor da noite, e a química entre os dois ficou clara para quem quisesse ver. Rebecca Ferguson cantou "Beautiful" com Christina Aguilera, One Direction cantou "She's The One" com Robbie Williams, e Cher Lloyd fez um *mash-up* de "Where Is The Love" e "I Gotta Feeling" dividindo o palco com Will.i.am.

Encerrados os duetos, Rihanna voltou ao palco do programa mais tarde para cantar "What's My Name?" e Christina Aguilera interpretou a canção "Express", do seu filme *Burlesque*. No final, o programa recebeu mais de 2 mil reclamações, de telespectadores que consideraram que as apresentações não eram adequadas para as crianças que estavam assistindo ao programa em casa.

No final da noite, Matt foi coroado como o grande vencedor do *The X Factor* edição 2010, e só lamentou uma coisa: não ter beijado RiRi quando estavam fazendo o dueto. A canção que lhe deu a vitória, "When We Collide", foi lançada nessa mesma noite e vendeu 439 mil cópias somente na primeira semana, transformando-se na campeã de vendagem do Natal britânico.

Em abril de 2011, o conselho de regulamentação da mídia Ofcom determinou que as apresentações de Rihanna e Christina Aguilera não violaram os regulamentos da transmissão televisiva e estavam "dentro do padrão limite" aceitável para programas exibidos antes das 21 horas.

Rihanna passou o Natal de 2010 em Barbados, na companhia dos familiares e amigos. Ela estava a caminho da ilha quando teve uma grande surpresa, já no aeroporto: a família havia voado até Miami para que a estrela não tivesse que encarar sozinha a viagem até Barbados! A cantora teve um choque ao chegar ao portão de embarque e twittou mais tarde: "No Aeroporto de Miami... e adivinhem quem apareceu de surpresa no portão?? Minha mããããããeee... e minha TITIA!!! Nós vamos voar juntas para casa... #Barbadoseuteamo".

Assim que elas desembarcaram no país, Rihanna seguiu direto para uma festa organizada pelo seu irmão Rorrey e curtiu a sensação de ser Robyn Fenty outra vez, só uma garota comum da ilha. Ela conseguiu relaxar bastante nessas férias, aproveitando para reencontrar conhecidos que não via fazia muito tempo. Dois dias antes do Natal, Rihanna decidiu fazer uma visita à loja de roupas da sua mãe no shopping center Decosta Mall. Assim que as pessoas a reconheceram, a notícia de que a estrela estava a caminho da Boutique Fabulous se espalhou depressa. Uma fã correu para o lugar e flagrou RiRi conversando com a mãe, com seus amigos e as funcionárias da loja. Ela comprou uma camiseta e perguntou a Monica se podia ser apresentada a Rihanna. A cantora posou alegremente para uma foto, e a fã saiu do shopping pisando em nuvens.

No dia de Natal, Rihanna preferiu ficar recolhida com os familiares, mas foi flagrada na praia de Sandy Lane no dia 26 de dezembro em companhia de amigos. A estrela queria aproveitar todo o tempo que tinha para curtir a praia, e Sandy Lane é conhecida como um dos melhores trechos do litoral oeste de Barbados. A água calma agrada aos banhistas, e muitas pessoas se divertem também pilotando *jet skis*. Rihanna passou todos os dias seguintes junto ao mar, matando as saudades dos amigos e se divertindo. O guarda-costas da cantora, Sonya e Ja'Maal Buster marcaram presença na areia, assim como o irmão de Rihanna, Rajad. Ja'Maal é o homem responsável pelos cílios fantásticos exibidos pela estrela e atende pelo apelido de "Guru dos Cílios".

No final da tarde o grupo saía para tomar alguns drinques em um dos bares da ilha, e numa das noites o programa foi a festa de Pré-Reveillón Models & Bottles no Clube Ship Inn. A Models & Bottles acontece todas as terças-feiras e é o maior evento da noite de Barbados, reunindo mil pessoas a cada semana. Durante a festa, são servidas em média 400 garrafas de bebida aos frequentadores, e o Pré-Reveillón é sempre a última edição do ano da festa.

RiRi já não tinha um contato mais próximo com o pai havia dois anos quando a imprensa anunciou a sua decisão de perdoá-lo pelos erros do passado que tanto a haviam feito sofrer. Rihanna sempre fizera questão de manter o relacionamento com ele, mesmo na época em que Ronald fazia uso de drogas e quando se separou de sua mãe, Monica, mas depois que ele se embebedou no ônibus da turnê da filha durante uma visita ela decidiu dar um basta na história. Rihanna ficou ainda mais magoada um tempo depois, quando o pai falou à imprensa sobre a agressão sofrida por ela sem consultá-la antes.

Em uma entrevista à *Vogue,* a estrela falou de maneira bem franca sobre o seu relacionamento com o pai e de como ficava chocada com a decisão dele de contar histórias antigas à imprensa e de lhes ceder fotos dela quando pequena. Rihanna jamais esperara esse comportamento do próprio pai – ela pensava que ele seria leal a ela em primeiro lugar, e não alguém que pensaria em lucrar à custa da sua fama vendendo histórias para os repórteres. E a sua maior mágoa era por causa do que o pai dissera pouco depois do episódio de agressão que sofrera.

Rihanna explicou à entrevistadora da revista: "Meu pai procurou a imprensa e basicamente contou um monte de mentiras a eles, porque nem havia falado comigo depois do acontecido. Ele não me ligou para saber como eu estava, se estava viva, nada. Simplesmente não ligou nenhuma vez. Ele preferiu ir direto para a imprensa e ser pago por isso".

Nos últimos meses de 2010, RiRi aparentemente tomou a decisão de aceitar Ronald de volta em sua vida. Ela passou a ir vê-lo com mais frequência e chegou até a fazer-lhe uma visita no dia de Natal – ela levou-lhe roupas e loção pós-barba de presente, e os dois trataram de curar as mágoas. Ronald deu uma entrevista ao *Mirror* algumas semanas depois e confessou: "Talvez nós já não sejamos tão próximos quanto na época em que ela era menor e estava na escola aqui em Barbados. Mas nós temos laços de sangue e não vamos guardar raiva, agora estamos amigos outra vez".

Ele falou também do incidente que causou o rompimento entre eles, dois anos antes: "Nós tivemos um desentendimento envolvendo bebida alcoólica durante a turnê. Eu fiquei bêbado no ônibus. Rum ou cerveja caem bem para mim, mas eu não me dou com vodca nem com gim. E ela surtou por causa disso – sempre foi muito geniosa, desde os tempos de menina. Na manhã seguinte eu simplesmente fui buscado no hotel e levado direto para o aeroporto".

Rihanna nunca vai tomar a decisão de deixar de amar seu pai. Afinal, ela jamais teria conseguido lidar com algumas coisas que teve que enfrentar na vida se não tivesse aprendido a ser forte em virtude da infância que teve. Na opinião da estrela, as experiências de menina serviram para endurecer a sua armadura, e isso hoje a ajuda a enfrentar o ambiente às vezes brutal da indústria da música. De vez em quando a vida de Rihanna se parece com uma grande montanha-russa, mas certamente ela tem tido mais altos do que baixos.

Muitos entrevistadores gostam de falar da separação dos seus pais ou dos problemas que Ronald teve com drogas, e de pintar o cenário de uma infância horrível no passado de RiRi – mas a vida real nunca tem cores tão definidas assim. Sim, ela testemunhou algumas cenas terríveis, mas por outro lado passou dias fantásticos na praia em companhia da família e dos amigos, e aprendeu a nadar com a ajuda do pai. A cantora guarda também recordações de treinar a escrita junto com Ronald. Ele não foi o péssimo pai que a imprensa gosta de retratar; quando não estava sob a influência das drogas, era um pai muito bom.

Agora que está adulta, RiRi tenta se concentrar nas experiências positivas que viveu ao lado do pai na infância e esquecer os tempos mais sombrios. Ficar pensando neles não vai ajudar em nada, e a família inteira aprendeu a tocar a vida adiante.

No dia 28 de dezembro de 2010, foi divulgada a notícia do fim do namoro entre Rihanna e Matt Kemp. A mídia atribuiu o rompimento à agenda atribulada da cantora, e acrescentou que o casal não estava conseguindo se encontrar. Matt também tem uma agenda movimentada, pois precisa viajar com o time sempre que os Dodgers têm jogos em outras cidades.

RiRi sempre fez questão de ser sincera com os fãs, e numa entrevista que deu à BBC 1Xtra em outubro de 2010 ela havia admitido que as coisas andavam complicadas, dizendo: "Não é nada fácil, porque nós passamos a maior parte do ano longe um do outro – os dois têm trabalhos que tomam muito tempo. Às vezes a situação fica difícil, mas é assim que as coisas são".

Rihanna passou a virada do ano em Las Vegas, como mestre de cerimônias de uma festa no Pure Nightclub, que funciona dentro do Caesar's Palace. Ela apareceu usando um vestido longo e justo com listras vermelhas horizontais da estilista Louise Goldin e exibiu um ar alegre quando conversou com os convidados. Depois de cumprir o seu papel na festa, ela foi para a comemoração no The Cosmopolitan, organizada por Jay-Z. O The Cosmopolitan é um hotel de US$ 3,9 bilhões. RiRi trocou o vestido vermelho por um modelo envelope marrom antes de cair na pista de dança do Nightclub Marquee, dentro do hotel, na companhia de Beyoncé, Kanye West, Jennifer Lopez, Gwyneth Paltrow e Chris Martin.

Foi uma noite de cantoria e risadas: Beyoncé fez parceria com Chris Martin para interpretar "Forever Young", John Mayer atacou com "99 Problems" junto com Jay-Z, Kanye West apresentou "Runaway", "Homecoming" e "Monster", também com Jay-Z (além de ter sido o DJ da festa), e RiRi mandou ver com "What's My Name?".

O champanhe estava rolando solto. As pessoas iam dançar cada uma levando a sua própria garrafa, e, com o custo unitário de US$ 300, só em Armand de Brignac a conta deve ter chegado à casa dos milhares. Rihanna tivera uma festa da virada muito boa no ano anterior – saudando o ano-novo ao lado de Matt em Abu Dhabi –, mas festejar com Jay-Z e o grupo de celebridades que com o tempo se transformou numa segunda família deve ter sido fantástico! Foi uma pena que Katy Perry e Russel Brand não estivessem presentes na festa.

2011 – ANO NOVO, NOVOS PRÊMIOS

Alguns dias depois da comemoração do Réveillon, RiRi levou três prêmios no People's Choice Awards: Artista Pop Favorita, Videoclipe Favorito e Canção Favorita (os dois últimos por "Love The Way You Lie"). Além dos prêmios que dividiu com RiRi pela parceria na faixa, Eminem ainda faturou mais dois outros: Artista de Hip-Hop Favorito e Artista Masculino Favorito. Infelizmente, tanto Rihanna quanto Eminem tinham outros compromissos e não puderam comparecer à cerimônia para receber seus prêmios pessoalmente.

2011 já chegou mostrando que seria um ano excepcional para a cantora, com *Loud* se firmando no topo da lista dos discos mais vendidos no mundo durante duas semanas consecutivas e Rihanna consagrada como a primeira cantora solo a emplacar cinco singles como número 1 nas paradas musicais do Reino Unido ao longo de cinco anos consecutivos. O único artista do sexo masculino a conseguir a mesma façanha havia sido Elvis Presley, na década de 1950.

E Rihanna se consagrou com o 1º lugar tanto na lista dos singles quanto na lista dos discos campeões das paradas britânicas no dia 9 de janeiro de 2011, um domingo, quando "What's My Name?" subiu uma posição e desbancou o primeiro lugar, de Matt Cardle. "Only Girl (In the World)" ocupava a 9ª posição, e a sua parceria com David Guetta "Who's That Chick?" era o número 10. A estrela já conseguira essa mesma façanha de ter um disco e um single no topo das paradas ao mesmo tempo uma vez em 2007, quando *Good Girl Gone Bad* foi o álbum número 1 e "Umbrella" liderou a lista dos singles.

RiRi ficou tão feliz que twittou a seguinte mensagem para os seus fãs britânicos: "Outra semana! LOUD e What's My Name são ÁLBUM e SINGLE No.1, respectivamente!!! Britânicos ARREBENTAM!!! Rah Rah! VALEU! Cadê minha #UKNavy".

NICKI E KANYE

Nicki Minaj é uma rapper, cantora e compositora nascida em Trinidad e criada em Nova York. Ela fez uma parceria com Rihanna na faixa "Raining Men", gravada para o disco *Loud*, e Rihanna devolveu a gentileza gravando com ela "Fly", para o seu primeiro disco em estúdio, *Pink Friday*. Nicki e RiRi ficaram muito amigas, e circularam boatos na imprensa sobre um possível namoro entre as duas depois de uma declaração de Nicki para o E! News no princípio de janeiro que dizia: "Nós vamos filmar com Rihanna o clipe de 'Fly' no próximo fim de semana. Esse videoclipe vai salvar o mundo em mais de um sentido, é só o que posso dizer. Eu amo a RiRi! Quer dizer, quando ela não está agarrando a minha bunda, é um doce de garota".

As duas curtem uma gozação, e quando foram para as filmagens de "Fly" zoaram muito no Twitter. Rihanna postou uma foto em que aparecia fazendo bico e Nicki mostrando a língua, junto com o texto: "Eu e Nikki na nossa casa nova, LOL! Trabalhando na filmagem de FLY!!! Não consigo tirar as mãos dessa menina!".

Nicki entrou na brincadeira e respondeu: "Lol. Se vamu Ksar e morar jtas vc tem q escrever meu nome certo! Lmaoooooo*".

---

* N. da T.: LMAO é uma sigla usada na linguagem de internet para *laughing my ass off*, ou algo como "me borrei de tanto rir".

Nicki Minaj

Rihanna contra-atacou: "gata vc ñ me viu perguntando até qual o MEU nome?? Lol! Foi mal, deixa q depois eu compenso isso *pisc*".

As duas acharam hilária a ideia de que alguém pudesse acreditar que estavam morando juntas por causa daquela foto e alguns posts trocados no Twitter. Nenhuma esperava que a amizade entre elas fosse se estreitar tanto tão depressa, embora Nicki já estivesse querendo trabalhar com Rihanna havia um bom tempo. Ela escreveu na sua página do Facebook: "'Fly' é uma das minhas preferidas. Há muito tempo eu queria fazer uma parceria com a Rihanna. Tenho muito orgulho por ela ter chegado aonde chegou, principalmente por ser uma garota nascida numa ilha do Caribe, assim como eu".

"Essa canção fala da tomada de poder pelas mulheres. Mas não é especificamente para elas. A letra fala de voar, de pairar muito acima das adversidades que aparecem no caminho."

"Eu falo um pouco de como a mídia tentou me enquadrar num padrão e como isso me deixou sufocada. E que depois de anos comendo o pão que o diabo amassou eu reuni a coragem para redefinir a mim mesma. Eu acho que represento uma geração inteira. Os meus fãs se tornaram a minha família, e juntos nós nos tornamos um movimento. E preparem-se. Nós viemos para vencer."

Originalmente, o plano de Nicki era lançar "Fly" entre abril e maio de 2011, mas ela acabou tomando a decisão de passar "Super Bass" na frente, porque tanto do seu lado quanto do lado de Rihanna ainda havia alguns singles que elas queriam promover dos seus respectivos discos. *Pink Friday* chegou às lojas só sete dias depois de *Loud*, então Nicki considerou que adiar o lançamento de "Fly" seria o melhor a fazer.

Ela explicou à MTV, numa declaração de março de 2011: "Eu vou segurar o clipe e a gravação com Rihanna por mais um tempo, porque nós duas estamos com muita coisa em cima. Ela está com várias [canções] por aí, e eu quero dar um tempo pra que elas tenham a chance de bombar nas rádios. [Em vez disso], eu quis fazer um lance mais divertido".

Kanye West admira Rihanna tanto como artista quanto como amiga, e quando a primeira versão do seu disco *My Beautiful Dark Twisted Fantasy* ficou pronta ele a levou para mostrar à cantora. RiRi na mesma hora escolheu "All Of The Lights" como sua faixa favorita, e quando o amigo lhe acenou com a chance de participar da faixa, a única resposta que ela pôde dar foi um "sim", mesmo com West querendo agendar a gravação para as duas da madrugada!

Rihanna cantou o refrão e divide o single com as vozes de Alicia Keys, Elton John, Fergie, John Legend, Elly Jackson, Charlie Wilson, Ryan Leslie, The-Dream, Tony Williams e Kid Cudi. No videoclipe, só ela e Kid Cudi aparecem.

É fácil identificar as partes da faixa cantadas por Rihanna, mas no caso de muitos outros artistas a participação não ficou tão clara, porque Kanye fez uma sobreposição dos vocais. Elly Jackson disse à MTV: "Ele quis usar todos os seus artistas preferidos do mundo todo para criar a textura vocal única da gravação, e o resultado virou uma coisa só. Não há um verso ali que eu possa dizer que foi meu. Eu mesma não consigo distinguir a minha voz, mas supostamente ela está lá!".

"All Of The Lights" foi lançada em 18 de janeiro de 2011, e três semanas depois – no dia 19 de fevereiro – o videoclipe chegou ao mercado. Inicialmente ele acabou sendo removido do YouTube por medo de problemas por causa das luzes piscantes e das cores, mas depois ele acabou sendo liberado novamente com o alerta: "Este vídeo foi identificado pela organização Epilepsy Action como um potencial desencadeador de ataques em pessoas que sofrem de epilepsia fotossensível. Aconselhamos cautela dos espectadores".

A música chegou ao 19º lugar nas paradas musicais dos Estados Unidos e ficou em 15º lugar no Reino Unido. O desempenho foi melhor na Bélgica, com um 3º lugar, na Austrália, com um 8º, e na Irlanda e Nova Zelândia, onde ela ficou em 13º lugar nas paradas.

Em 31 de janeiro de 2010, Rihanna conquistou mais um Grammy, desta vez pela sua parceria com Jay-Z e Kanye West. Ganhar o prêmio por "Run This Town" deixou a cantora muito feliz; ela se sentiu grata por ter sido escolhida por Jay-Z e Kanye para cantar com eles, porque a dupla bem que poderia ter optado por Beyoncé ou alguma outra voz feminina.

Rihanna já gravou muitas parcerias ao longo da sua carreira. Ela trabalhou com Eminem, Akon, Sean Paul, Jay-Z, Kanye West... e muitos outros artistas do primeiro time. Muitas dessas parcerias foram campeãs nas paradas de sucessos e lhe renderam prêmios da MTV e do Grammy.

Rihanna é uma estrela de tal magnitude que outras cantoras talvez possam se sentir menores ao seu lado, mas ela está animada para gravar as novas parcerias que planejou para o futuro próximo.

Cheryl Cole é uma que provavelmente jamais esperou que Rihanna fosse querer chamá-la para cantar um dueto, mas depois de conhecer essa jurada do *X Factor* ao vivo e saber sobre o seu estilo de música, RiRi se mostrou interessada. Ela achou Cheryl linda e adorou sua voz.

Uma amiga em comum contou a Rihanna que Cheryl adoraria gravar uma parceria, depois de Rihanna ter dito a mesma coisa sobre um possível trabalho com Cheryl quando estava aguardando no camarim antes de uma das suas apresentações no palco do *X Factor*. Essa amiga então passou o número do celular da estrela para Cheryl, a fim de que as duas começassem a trocar ideias sobre esse futuro trabalho.

Para Cheryl, o empurrãozinho da amiga em comum pelo visto foi motivo de alegria. Ela disse à MTV: "Eu mal pude acreditar quando ouvi dizer que Rihanna queria cantar comigo. Quando falaram que ela queria gravar um dueto, eu fiquei toda arrepiada".

"Com certeza nós vamos marcar alguma coisa para o ano que vem [2011]. Eu estou muito empolgada!"

Em abril de 2011, o site M is for Music publicou uma notícia apurada através de uma pessoa do meio: "Os empresários de Cheryl querem transformá-la na mais nova sensação pop americana e estão trabalhando para garantir a participação de nomes do primeiro escalão no disco".

"O dueto com Rihanna já é certo, e Will.i.am está tentando convencer Minaj a participar de uma das faixas também. Katy Perry é outra que anda conversando sobre a possibilidade de um dueto com Cheryl, já que também é sua fã."

Os fãs britânicos de Rihanna talvez estejam ansiosos pelo dueto entre ela e Cheryl, mas a maior parte dos fãs de RiRi prefere ver antes uma parceria com Katy Perry. Essa seria a melhor parceria da carreira da cantora (sem desmerecer as gravações com Jay-Z, Kanye ou Eminem). Quando RiRi e Katy enfim tiverem a chance de gravar juntas, certamente a canção escolhida vai ser alguma coisa inusitada, pois tudo o que as duas não querem é parecer previsíveis. Será uma faixa divertida e algo que quem ouve não consegue parar de cantarolar, talvez a melhor canção que qualquer uma das duas já tenha gravado.

Uma é grande admiradora do trabalho da outra, e Katy chegou a incluir uma versão acústica para "Only Girl (In the World)" no set list da sua turnê. A música entra num *medley*, junto com "Big Pimpin", de Jay-Z, e "Whip My Hair", de Willow Smith.

Pelo visto todo mundo quer a chance de fazer um dueto com Rihanna, até mesmo Susan Boyle. A grande revelação do programa *Britain's Got Talent* estava sendo entrevistada pelo jornal *Sun* quando declarou que não tinha certeza se conseguiria se sair bem cantando R&B, mas que seria capaz de pintar o cabelo de roxo para cantar junto com Rihanna.

Quando RiRi soube disso, ela twittou: "Para tudo! O papo é velho, mas só agora eu soube q SuBo EM PESSOA tá querendo parceria COMIGO?!? Tou nessa, não teria honra maior. #BUUM".

Obviamente, ela não pareceu incomodada pelo fato de o disco de Susan *The Gift* ter impedido *Loud* de ficar com o 1º lugar nas paradas dos Estados Unidos.

Até mesmo Usher, o cantor de "DJ Got Us Fallin' In Love", queria cantar com Rihanna. Numa entrevista para o programa de TV *Loose Women,* ele disse: "É claro que eu faria uma parceria com ela. Nós somos amigos e as nossas equipes trabalham juntas. Já tivemos algumas conversas sobre um trabalho juntos no passado, e é algo que poderia mesmo acontecer".

"Eu adoraria cantar com ela, considero Rihanna uma artista fantástica."

RIHANNA NÃO LEVA DESAFORO PARA CASA

Quando pensamos em Rihanna, nós enxergamos uma mulher confiante, senhora do palco e que nunca tem medo de nada, mas essa não é a Rihanna de verdade. Ela conversou sobre essa sensação de ter sua imagem mal interpretada com Kanye West, quando ele foi incumbido de lhe fazer perguntas num artigo para a revista *Interview:* "Eles só enxergam o lado durão, que vive na defensiva, que é agressivo, mas toda mulher é vulnerável – todas têm a sua vulnerabilidade. E eu, obviamente, tenho também. Não é uma parte tão expressiva da minha essência, mas ela está lá. Eu só não gosto que as pessoas me vejam chorando".

Em entrevista para o programa de rádio de Ed Lover, Rihanna decidiu dar uma resposta aos blogueiros que costumam escrever coisas terríveis sobre ela e sobre outras celebridades. A cantora era bastante ingênua quando começou a circular pelo mundo dos blogs, mas desenvolveu uma postura mais ácida. Ela declarou: "Eu ainda leio os blogs algumas vezes – tudo vai depender do que eu esteja tentando descobrir. Hoje eu não me deixo mais fragilizar tanto, porque já entendi do que se trata: é uma comunidade de gente que não tem mais o que fazer e que se odeia".

"Eles odeiam as suas vidas, odeiam os seus trabalhos, odeiam a sua aparência, se sentem desconfortáveis com aquilo que são e só se sentem bem quando estão atacando outras pessoas que acham que nunca vão ter que encarar ao vivo na vida – ou, no caso, as celebridades."

Obviamente Rihanna não estava se referindo a todos os blogueiros, só àqueles que se acham muito espertos escrevendo coisas maldosas sobre pessoas que nem sequer conhecem. Ela acha que eles não teriam essa coragem toda se fossem postos cara a cara com as celebridades que são alvo da sua língua ferina, sem poderem se esconder por trás da tela do computador.

Além de ser importunada por esses blogueiros, RiRi precisa lidar também com o comportamento inconveniente da imprensa e dos *paparazzi*, gente que parece se divertir inventando mentiras a seu respeito para desmoralizá-la ou distorcendo a verdade. RiRi sofreu críticas por causa de uma foto que tirou com um grupo de crianças exibindo no pescoço um colar com a expressão "F***-SE", mas a culpa não foi sua: a cantora estava saindo de um restaurante quando as meninas a abordaram para lhe pedir que tirasse a foto. Como é sempre atenciosa com os fãs, ela concordou na mesma hora, sem se dar conta da chuva de críticas que receberia como resultado. Caso tivesse se recusado a fazer a foto, as meninas teriam ficado chateadas, e provavelmente a imprensa publicaria alguma nota chamando Rihanna de insensível e acusando-a de esnobar os fãs. Às vezes, ela fica sem saída. A inscrição do colar era tão pequena que provavelmente as garotas nem iriam reparar nela, de qualquer maneira.

Para RiRi, a pior coisa que a mídia e os blogueiros já escreveram a seu respeito foi uma história envolvendo a cicatriz que ela tem no lábio, que foi atribuída a uma suposta DST. Eles insinuaram que Chris Brown a teria espancado pensando que era uma ferida provocada por herpes. Rihanna disse à *Q Magazine:* "Isso não é verdade. É uma p**** de uma cicatriz. No meu lábio. Que está ali desde que eu me entendo por gente".

Rihanna nunca vai se deixar abater pelos detratores e também nunca perde a compostura. Ela trabalhou duro demais para deixar que qualquer pessoa acabe com o seu sonho. É uma guerreira!

S & M

O **quarto single** que Rihanna lançou do seu disco *Loud* foi "S & M", que chegou ao mercado em 21 de janeiro de 2011. A canção foi escrita pela equipe Stargate, Corey Jackson Carter, Ester Dean e Sandy Wilhelm, e era uma faixa de dance-pop. A versão "S & M Remix" foi lançada no dia 11 de abril, com uma participação de Britney Spears (da qual vamos falar mais, logo adiante).

Originalmente, Rihanna havia pensado em lançar "Cheers (Drink to That)" como o quarto single, mas acabou decidindo que a faixa que os fãs realmente queriam ver lançada era "S & M". Eles já haviam gostado da polêmica que a canção tinha levantado, e quando viram o clipe ficaram fascinados. A diretora Melina Matsoukas e Rihanna (que assumiu a codireção) criaram um trabalho tão ousado que acabou sendo proibido em onze países! Depois de tachar o vídeo de "impróprio", o YouTube passou a barrar o acesso de menores de 18 anos a ele. Rihanna estranhou essa decisão e escreveu no seu perfil do Twitter: "Eles já viram 'Umbrella'. E eu aparecia nua".

Quando a BBC ficou sabendo que o single se chamaria "S & M", eles decidiram rebatizá-lo nas emissoras do grupo como "Come On". Isso não deixou Rihanna nem um pouco satisfeita: ela detestou ver o nome da sua canção e parte da letra aviltada para deixá-la mais "adequada".

Alguns versos de "S & M" talvez fossem um tanto explícitos, mas, como Rihanna explicou ao site Spin.com, o trecho "paus e pedras podem quebrar meus ossos, mas correntes e chicotes me deixam excitada" não fala somente de sexo. Nas palavras da estrela: "Eu não penso nesses termos com uma conotação sexual. É uma metáfora. A ideia é mais dizer que as pessoas podem falar à vontade. Porque as pessoas falam mesmo, você não tem como impedir isso – o que pode fazer é se fortalecer e tratar de saber bem quem você é, para que as fofocas não o atinjam. E eu achei essa mensagem incrível".

Melina Matsoukas admitiu para a MTV: "Quando eu me proponho a fazer alguma coisa, já parto para o trabalho com a intenção de que ele seja proibido – bem, proibido não é bem o termo, porque eu quero que meus vídeos sejam veiculados –, com a intenção de fazer algo provocativo. E se você faz um trabalho provocativo, geralmente ele tem alguma repercussão. As pessoas vão falar, ele vai acabar proibido ou atacado de alguma maneira, mas o vídeo está surtindo um efeito e está fazendo as pessoas discutirem a respeito, então, para mim isso é sinônimo de sucesso".

Ela considerou que o conteúdo do vídeo estava condizente com a temática da letra, e disse acreditar que a proibição do YouTube para usuários menores de 18 anos não iria impedi-los de assistir ao trabalho se quisessem fazer isso.

Rihanna também contou à MTV o que ela mais adorou na canção quando ouviu a demo pela primeira vez, dizendo: "Eu adorei essa música. Quando ouvi pela primeira vez era só uma demo bem inacabada, mas na mesma hora eu soube. Eu soube que seria ela. É uma música com uma energia tão rebelde e 'não estou nem aí' que eu me apaixonei de cara".

"Não havia como desistir dela depois que eu ouvi, e a letra tinha tudo a ver com a maneira como eu me sinto. É uma metáfora, entende?, na verdade não tem nada a ver com sexo. Não tem a ver com nada de S & M, nós só tomamos isso como ponto de partida."

RiRi declarou ao *Extra:* "'S & M' é o meu vídeo favorito entre todos até hoje, e eu mal posso esperar para filmar mais clipes incríveis e ver cada um superar os anteriores. Só que 'S & M' vai ser bem difícil de superar".

E, realmente, "S & M" consagrou-se como o 18º sucesso de Rihanna a entrar na lista americana de Top 10.

Os críticos ficaram divididos ao fazer suas resenhas. Alguns consideraram que a faixa teria sido mais adequada para o disco *Rated R*, enquanto para outros se tratava mesmo de uma canção dance-pop fantástica e muito sexy também. O desempenho comercial foi bom, garantindo um 3º lugar nas paradas britânicas durante três semanas seguidas. Na Austrália ele foi melhor ainda, emplacando como 1º lugar por duas semanas. Quando a versão com Britney Spears foi lançada, ela garantiu mais uma vez um posto para Rihanna na lista de singles do Top 10, o seu décimo 1º lugar nas paradas musicais dos Estados Unidos e um 1º lugar também no Canadá.

O blogueiro das celebridades Perez Hilton nunca vai se esquecer do instante em que o convidaram para participar do clipe, e admite que estar na filmagem foi um dos pontos altos da sua carreira. Em entrevista para a MTV, ele declarou: "O que eu enxergo nesse clipe é que ele foi concebido estrategicamente para atrair atenção e não passar em branco. Ele me fez lembrar de Madonna naquela fase de 'Erotica' e depois na fase de 'Hollywood'/'American Life', dois momentos que despertaram polêmica na carreira dela".

Ele disse ter gostado da mensagem por trás da música e do videoclipe e acrescentou: "O que me agradou especialmente foi a ideia de mostrar Rihanna sob uma nova luz. Nós nunca vimos Rihanna daquele jeito antes, e além disso a coisa toda não parece tão levada a sério, e isso é uma mensagem incrível: não devemos deixar que as coisas que os outros dizem a nosso respeito nos afetem".

"Ela dá vazão às maiores maluquices no clipe, como se dissesse: 'Seja quem você é, do jeito que for'. Eu realmente me senti incentivado e inspirado pela mensagem de 'S & M' e pelo movimento que parece estar vindo a reboque. A música pop pode ser rica em significância."

A filmagem do clipe não foi só diversão para RiRi, porque ela teve que passar o tempo todo comendo bananas, e como disse para os fãs pelo Twitter: "Eu DETESTO bananas, mandei eles me arrumarem um balde para poder cuspir entre uma tomada e outra".

"Mto feliz com a boa recepção de todo mundo ao clipe de S&M... bacana q vcs curtiram!"

"Muita zoação no quarto zebrado cor-de-rosa! Minha BFF M, Perez, travecos, uma pessoinha sexy e um coroa sarado! Loucura total"

Quando o prestigiado fotógrafo David LaChapelle viu "S & M", ele não ficou impressionado. No seu entender, boa parte das referências visuais do clipe haviam sido "calcadas diretamente no e eram substancialmente similares" ao seu próprio trabalho. Em fevereiro de 2011, o *Daily Mail* e diversos outros jornais e revistas publicaram a notícia de que LaChapelle abriria um processo com indenização a ser definida nos tribunais.

Quando RiRi foi convidada a lançar uma linha de perfumes com seu nome, ela teve que pedir um tempo para pensar. Nunca fora do seu feitio fazer as coisas só para ganhar dinheiro, e a estrela não queria pôr o seu nome em algo que não tivesse criado. Mas desde pequena era apaixonada por perfumes, e ela sabia que fazia tempo que os fãs estavam esperando uma fragrância com a sua marca.

Rihanna então decidiu que havia chegado o momento e mergulhou na empreitada de criar o seu perfume junto com um time de perfumistas. A primeira fragrância foi lançada no dia 26 de janeiro de 2010, inicialmente com venda exclusiva na cadeia de lojas de departamento Macy's e depois para todo o mercado americano e no exterior.

Como lançar um perfume era um projeto que Rihanna acalentava havia muito tempo, ela quis batizá-lo com um nome que tivesse um significado especial para si mesma e para sua família. E o escolhido foi "Reb'l Fleur", por causa de um apelido que sua avó lhe dera ainda na infância. Ela costumava dizer que Rihanna era a sua "flor rebelde", e foi isso que levou a cantora a tatuar a expressão no pescoço. Na tatuagem se lê uma grafia diferente, "Rebelle Fleur", e houve quem dissesse que o certo seria ter escrito "Fleur Rebelle", porque no francês os adjetivos costumam vir depois do substantivo a que se referem. No caso da tatuagem, porém, não seria apropriado mudar, já que a avó nunca chamou Rihanna de "Fleur Rebelle".

Antes de o perfume chegar às lojas, a estrela falou à revista *People* sobre o desafio de encontrar uma fragrância original, dizendo: "Com o passar dos anos, eu fui combinando um monte de fragrâncias diferentes para conseguir algo que fosse genuinamente meu, mas queria uma coisa que dissesse 'Rihanna esteve aqui' – algo delicioso e especial, uma fragrância com notas sutis que permanecem no ar e criam uma lembrança bem sexy".

Muito dinheiro foi investido na criação do vídeo promocional on-line para o Reb'l Fleur, porque a equipe envolvida no lançamento do perfume queria que ele gerasse um grande burburinho – a ideia era fugir das tradicionais campanhas em revistas que são feitas para lançar os perfumes de outras celebridades. Estima-se que o orçamento total alocado no lançamento tenha ficado na casa dos US$ 5 milhões.

O vídeo promocional mostra dois lados de RiRi: nós vemos a Rihanna boazinha, num vestido cor de pêssego, e do outro lado do espelho a Rihanna malvada, de minivestido preto. Passando através do espelho, ela muda de figurino e de personalidade. E os fãs que acessam o vídeo podem controlar essa mudança de lado, o que é o detalhe que torna a campanha tão original. Não por acaso, o vídeo se transformou num viral da internet. Fãs correram para as lojas e o perfume rapidamente foi alçado ao posto de fragrância mais vendida dos Estados Unidos, num desempenho comercial impressionante.

A produção do vídeo ficou a cargo da Droga5, uma agência de publicidade premiada. Eles fizeram com que Rihanna caminhasse para trás de verdade para algumas cenas em vez de criar esse efeito artificialmente, porque queriam que os espectadores não notassem diferenças no movimento num sentido ou no outro. Até a trilha sonora do vídeo foi composta com essa finalidade – seja qual for o sentido em que as cenas se desenrolarem, a música é sempre a mesma. A Droga5 queria essa trilha "palindrômica", e por isso as notas que acompanham cada *frame* de vídeo são idênticas.

As previsões iniciais eram de que o vídeo seria acessado mais de 20 milhões de vezes por internautas do mundo todo, mas aparentemente há chances de o número verdadeiro de acessos ser ainda mais espantoso. E quando os fãs tiveram a chance de experimentar a fragrância, constataram que ela era tão boa quanto o vídeo.

O perfume foi uma produção da Parlux Fragrances Inc., a mesma empresa que fabrica os perfumes de Paris Hilton, Jessica Simpson e Queen Latifah. RiRi participou ativamente de todo o processo de criação do perfume, reunindo-se com a equipe de especialistas para debater sobre as notas que queria usar, o *design* do frasco e da embalagem. O resultado final foi baseado na combinação de perfumes que RiRi costumava usar em si mesma para garantir um cheiro personalizado, e foi uma obra de Marypierre Julien e Caroline Sabas. Elas escolheram um frasco em forma de sapato de salto, que reflete bem o espírito que RiRi queria para o produto: "Como um salto bem alto com um vestido curto e sedutor".

Os conhecedores de perfumes se encantaram com o Reb'l Fleur, como Marie-Helene Wagner escreveu no blog especializado The Scented Salamander: "Da mesma maneira que Rihanna pode passar uma mensagem dúbia com a sua cabeleira cor de framboesa, os modos extravagantes e a sua *persona* eletrizante no palco, o perfume nos revela, em última instância, uma personalidade muito mais sutil e até clássica em um certo sentido, muito mais próxima do lado *Fleur* (flor) do seu *petit nom* afetuoso 'Rebelle Fleur'".

"A fragrância pode parecer quase bipolar com a sua justaposição de notas espalhafatosas sobre um aroma discreto e mais fugidio de classicismo. Mas ela oferece aquela qualidade muito positiva e intangível na seara dos perfumes que faz com que quanto mais você sorva a fragrância (na pele, por favor), mais goste dela e mais perceba suas nuances, a cada vez descobrindo um novo detalhe ou qualidade."

"A nota de cabeça talvez passe a mensagem de que se você não fizer a ponte imediata com a imagem em vermelho-flamejante-e-mulherzinha da cantora então talvez não reste muito mais para entreter o olfato. Mas, com um pouco de persistência, vem o fundo extremamente clássico, leve, contido, donzelesco e suave. Você começa com uma camisa havaiana superestampada e termina quase com um hábito de freira, branco e impecavelmente limpo enquanto esvoaça num passeio embalado pela brisa à beira-mar."

Quando RiRi fez o lançamento oficial do seu perfume com uma peregrinação por diversas lojas da Macy's pelos Estados Unidos, centenas de fãs compareceram para vê-la de perto e comprar os primeiros frascos recém-chegados do Reb'l Fleur.

Antes de chegar a um desses eventos, ela twittou: "Espero que estejam todas BEM lindas @ Macy's agora msm! A mamãe aqui está a caminho, toda perfumada também".

Em outro lançamento, Muriel Gonzalez, da cadeia de lojas, declarou à imprensa: "A fragrância encantou mesmo os fãs. Todos adoram o contraste entre elementos mais rascantes e mais suaves – a ideia da rebelde e da flor". Fred Purches, da Parlux Fragrances, acrescentou: "Rihanna traz consigo muita energia e muita gente também. Ela alavancou as vendas, mas o xis da questão também é a repercussão que vem depois".

PERDÃO

Em fevereiro de 2011, o advogado de Rihanna Donald Etra declarou ao E! News que a cantora havia concordado com a suspensão da medida cautelar que impedia qualquer contato mais próximo de Chris Brown. O ex-namorado foi impedido de ficar a menos de 50 metros de Rihanna, 10 metros se fosse durante a participação de ambos em um evento para o público, ao longo dos cinco anos de liberdade condicional a que foi condenado. Com o relaxamento da medida cautelar, ele passou a ter permissão para se aproximar novamente da cantora, desde que não a "perturbasse, molestasse ou assediasse".

Algumas pessoas foram contra a decisão tomada por Rihanna, o que a deixou um tanto confusa – afinal, a agressão havia sido sofrida por ela só, mais ninguém. Ela postou no Twitter que não estava se importando com a medida cautelar, e voltou a tocar no assunto em entrevista à revista *Rolling Stone,* dizendo: "Você não consegue agradar às pessoas nunca, essa é a conclusão que eu tiro da história. Ninguém falou que nós vamos nos casar amanhã. Ninguém falou que vamos reatar o namoro, ou mesmo voltar a nos falar. Eu só não quis me opor à decisão do juiz".

"O que ele fez comigo foi uma coisa pessoal, não teve nada a ver com a sua carreira. Dizer isso [que não poderia participar de shows em cerimônias de premiação] certamente dificultou as coisas para o sujeito."

Quando permitiu o relaxamento da medida cautelar,

RiRi não estava convidando Chris para se envolver na sua vida novamente, ela estava apenas deixando que ele prosseguisse com a sua carreira.

Poucos dias depois de a imprensa ter repercutido a notícia sobre a decisão da cantora, ela subiu ao palco novamente para se apresentar na entrega do Grammy, em 13 de fevereiro. Rihanna estava concorrendo a quatro prêmios para si mesma, além de dois outros para os compositores de "Love The Way You Lie".

"Love The Way You Lie" concorreu aos prêmios de Gravação do Ano e Canção do Ano (premiação para os compositores), mas foi vencida nas duas categorias por "Need You Now", de Lady Antebellum. Eminem e RiRi concorriam juntos a Melhor Parceria de Rap/Canto e Melhor Rap (premiação para os compositores), mas perderam para Jay-Z e Alicia Keys com "Empire State Of Mind". Na categoria Melhor Videoclipe Curto, o prêmio foi para "Bad Romance", de Lady Gaga.

O triunfo de RiRi veio com o prêmio de "Melhor Gravação Dance" para "Only Girl (In the World)". Ela também teve a chance de se apresentar, cantando ao vivo com Drake pela primeira vez "What's My Name?", e "Love The Way You Lie (Part II)", com Eminem. Depois da cerimônia, twittou: "PARABÉNS #RihannaNavy!!! Nós ganhamos o Grammy de MELHOR GRAVAÇÃO DO ANO!!! A única equipe do mundoooooooo!!!!".

Quando foi receber o seu prêmio de Melhor Álbum de Rap, Eminem fez um agradecimento a RiRi, dizendo: "Eu quero agradecer a Rihanna também, por ter ajudado a alavancar o disco para a posição que ele conquistou hoje".

Em 20 de fevereiro de 2011, Rihanna fez 23 anos. Katy Perry, a sua melhor amiga entre as celebridades, estava em turnê e não pôde comparecer – mas não faltaram amigos e familiares por perto para comemorar a data. RiRi twittou para os seus fãs: "Aniversário, gata, É HORA DA FESTA! Meus melhores amigos estão aqui!!! E meu MANO!! Vcs tinham q ver q a parada tá SINISTRA!!!". Katy ficou chateada por perder a comemoração e postou em seu perfil: "Feliz aniversário. Queria estar aí pra zoar junto. Te amo!".

RiRi não queria deixar a amiga se sentindo mal e respondeu: "Tá brincando, doida? Eu perdi seu CASAMENTO!!! Isso não é nada, gata! #trabalhoétrabalho".

Rihanna, aliás, estava trabalhando no evento NBA All-Star Weekend no fim de semana do seu aniversário, mas se divertiu bastante animando a galera na plateia. Ela cantou "Umbrella", "Rude Boy" e "Only Girl (In the World)" e recebeu Drake no palco para apresentarem "What's My Name?". Enquanto cantava, ele encaixou uma mensagem de parabéns na letra que a deixou toda feliz. O show terminou com "All Of The Lights", cantada em parceria com Kanye West.

Em seguida, ela assistiu ao jogo de basquete ao lado de Justin Bieber e Lenny Kravitz e logo depois partiu de carro para a festa que ia acontecer em sua casa. A estrela teve tempo de trocar de roupa e devorar alguns *cupcakes* com glacê vermelho decorados com a bandeira de Barbados antes de os convidados chegarem. Rihanna passou um tempo com os amigos mais íntimos antes de se dirigir ao salão de festa onde estavam todas as celebridades. P. Diddy, Jay-Z, Beyoncé e Mary J. Blige fizeram questão de comparecer para desejar o melhor aniversário do mundo a RiRi.

Zac Efron, Rya Phillippe, Ce Lo Green e Christina Milian também estavam lá, e Snoop Dogg apareceu por volta da uma hora da manhã. RiRi adorou se sentir tão prestigiada. Ela posou para fotos ao lado de duas esculturas de gelo encomendadas especialmente para o evento. Uma delas era uma coluna decorada com a letra "R" e uma coroa, e outra era em forma de um peixe gigante. Havia um balcão enorme com cerca de trinta vidros cheios de balas de todos os tipos e pirulitos à disposição dos convidados, e a festa seguiu até de madrugada.

No dia seguinte ao aniversário, pipocaram na imprensa comentários tachando o figurino que Rihanna escolheu para o evento da NBA como impróprio para o público familiar da atração. As meias arrastão foram criticadas, e houve quem dissesse que ela tinha posto a mão entre as pernas durante uma das músicas.

Usher sabe bem como a imprensa é capaz de distorcer as coisas e defendeu o show que RiRi deu em seu aniversário ao ser entrevistado para o programa de TV *Loose Women*, declarando: "Direção artística é o nome disso, sabe, e é uma coisa obviamente subjetiva. Cada um tem a sua opinião, e era um show para toda a família. Eu acho que ela é uma moça responsável, e talvez a canção estivesse falando de uma atitude mais... você sabe. Veja dessa forma: há quanto tempo os homens metem a mão entre as pernas?".

No dia seguinte, RiRi recebeu uma boa notícia: o presidente do Mercury Music Group britânico divulgou um pronunciamento oficial informando que a artista havia vendido 10 milhões de discos somente no Reino Unido e que fora a primeira artista do sexo feminino a ter singles no topo das paradas de sucesso durante cinco anos consecutivos. Jason Iley disse ainda: "Para mim ficou claro desde que eu conheci Rihanna que ela tinha potencial para ser uma das artistas mais bem-sucedidas do mundo".

"Foi um privilégio trabalhar com a cantora nestes últimos seis anos. A meu ver, nós estamos vendo apenas a ponta do *iceberg*, e eu mal posso esperar para vê-la alcançar um sucesso ainda mais expressivo nos próximos meses e anos."

Naturalmente, Rihanna não fica satisfeita quando as pessoas dizem coisas maldosas a seu respeito, e quando soube dos comentários negativos que a cantora de "Speechless", Ciara, fizera durante uma participação no programa de TV *Joan Rivers' Fashion Police*, ela decidiu contra-atacar.

Ciara havia sido convidada a opinar sobre o vestido usado por Rihanna na cerimônia de entrega do Brit Awards, quando disparou: "Nós nos esbarramos numa festa há pouco tempo e ela não foi muito gentil. É estranho, porque eu sempre curti e respeitei a sua visão da moda e já tínhamos cruzado uma com a outra antes, mas dessa vez não foi um encontro dos mais agradáveis".

RiRi usou o Twitter para perguntar a Ciara: "Foi mal, Ci, eu esqueci da sua gorjeta? #queindelicadezaminha".

Ciara retrucou: "Acredite, Rihanna, vc não ia querer me encontrar no palco ou fora dele". Mas isso aparentemente só deixou RiRi mais irritada. Ela não deixou barato: "Tá malvada hein? Haaa. Boa sorte nesse seu palco aí".

Mas logo as coisas se acalmaram e as garotas decidiram esquecer as desavenças. RiRi twittou: "Ciara baby, te adoro! Vc me magoou na TV! Tô arrasada. Por isso dei o troco aqui. Foi mal! #vamosficardebem". E Ciara respondeu: "Rih vc sabe que sempre te adorei! Nos shows/em tudo. Vc me deixou sem ação naquela festa! Desculpas aceitas. Vamos conversar pessoalmente".

Resolvida a questão, RiRi pôde seguir adiante e comemorar a notícia de que o seu canal VEVO no YouTube acabara de bater a marca de 1 bilhão de visitas. Essa conquista importante mostra a popularidade dos seus vídeos – graças à soma dos acessos a todos eles, Rihanna foi a quarta artista a conseguir chegar a esse número histórico. Os outros três que alcançaram 1 bilhão de acessos foram Eminem, Justin Bieber e Lady Gaga.

VIDEOCLIPES MAIS POPULARES DE RIHANNA QUANDO A MARCA DE 1 BILHÃO DE ACESSOS (APROXIMADAMENTE) FOI BATIDA:

1. "Rude Boy" – 140 milhões
2. "Don't Stop The Music" – 137 milhões
3. "What's My Name?" – 130 milhões
4. "Only Girl (In the World) – 106 milhões

A essa altura, a parceria da cantora com Eminem na faixa "Love The Way You Lie" já tinha atraído quase 300 milhões de visitas no canal VEVO.

Depois de comemorar o disco de platina conquistado nos Estados Unidos quando *Loud* teve 1 milhão de cópias vendidas, Rihanna decidiu perguntar aos fãs que single deveria lançar em seguida. Até então, no mundo todo o disco havia vendido 3,5 milhões de cópias.

A estrela twittou a seguinte mensagem para os seus 3,7 milhões de seguidores: "ENQUETE: vou começar a filmar novo clipe daki a pouco e qro q me digam: q música deve ser a próxima? Duro passar de s+m p SKIN! Ñ qro quebrar o clima".

Os fãs agarraram a oportunidade de abrir suas opiniões para RiRi, e as faixas mais votadas foram "Raining Men", "Man Down", "Cheers" e "California King Bed".

Quando constatou o que os fãs queriam, RiRi postou: "Então são Man Down, CKB, Fading, Cheers. Mas fico c o msm problema de antes, ñ sei qual das 4 escolher!".

"Socorrrro! Digam quais as 2 preferidas, na ordem de lançamento! E lembrem q estamos na primavera/verão!!!! Viram pq eu tinha q consultar vcs??? Escolha difícil".

Mesmo depois das respostas de muitos fãs ela continuou na dúvida, twittando: "Cara, eu amo CKB, mas Man Down tem uma vibe mto GANGSTA! Gangsta tipo rainha do dancehall".

"E Cheers me faz querer encher a cara!!! Sendo fim de semana OU NÃO."

No final, ela considerou todos os argumentos e decidiu lançar "California King Bed" e "Man Down" ao mesmo tempo.

RiRi apresentou primeiro "California King Bed" num dueto com Jennifer Nettles, do Sugarland, na cerimônia de entrega do Academy Of Country Music Awards, em 3 de abril de 2011. Um tempo depois ela fez uma versão solo da música no palco do *American Idol*, com Nuno Bettencourt na guitarra, que foi aplaudida de pé pelos jurados. Todos os que assistiram ao vivo ou de casa ficaram encantados, e muitos fãs apontam essa como a melhor apresentação ao vivo da carreira da cantora até agora.

Ela contratou Anthony Mandler para fazer a direção do clipe, e ele decidiu mandar um *teaser* para os fãs pelo Twitter, postando: "cheio de emoção, leve.....visceral e inspirador. Ckb". Mandler não soltou mais nenhuma informação, mas mais tarde circulou a notícia de que Jay-Z havia ido acompanhar as filmagens e que RiRi tinha escolhido a dedo o modelo que interpretaria o seu par romântico. Dos dois rapazes a serem testados, a cantora ficou com um que se chamava Nathan porque era o que tinha o abdômen mais definido. O figurino da estrela em cena foi uma lingerie sexy, já que a ação se desenrola num quarto e ela aparece na cama acariciando o seu amado.

O clipe foi financiado em parte pela fabricante de cosméticos Nivea, já que RiRi fora escolhida como o rosto para a campanha pelos 100 anos da marca. A canção seria usada nos anúncios da Nivea e haveria um patrocínio também para a turnê. Ao todo, o investimento nessa ação de marketing somaria US$ 1,5 bilhão. A primeira foto promocional que Rihanna fez para a marca mostrava a estrela nua da cintura para cima, com os braços cruzados sobre os seios. Sem maquiagem no rosto, ela exibia a sua beleza natural.

No anúncio oficial que fez da campanha, Markus Pinger, da Nivea, declarou: "Nos últimos 100 anos, a Nivea se consolidou como uma marca símbolo dos cuidados com a pele ao redor do mundo e conquistou a confiança do consumidor".

"Nós estamos empolgados por ter Rihanna ao nosso lado neste momento de celebração e criando uma nova geração de fãs da marca."

NOVOS PAPÉIS

Muita gente andava afirmando que o próximo papel de RiRi no cinema deveria ser no *remake* de *O Guarda-Costas,* o clássico estrelado por Whitney Houston e Kevin Costner. A história está em processo de modernização pela Warner Bros, que contratou Jeremiah Friedman e Nick Palmer para escrever o novo roteiro. Circularam notícias de que RiRi estaria cotada para fazer o papel principal, mas em março de 2011 ela declarou à *OK Magazine* que não apareceria no filme de jeito nenhum.

Suas palavras foram: "Detesto ver cantoras fazendo papéis em que também cantam, porque assim você nunca pode vê-las como algo além disso."

"O que eu quero é interpretar um papel. Eu já passo a vida interpretando a Rihanna, então fazer uma cantora [no cinema] não traria novidade nenhuma. Eu gosto de desafios, e a graça de atuar está em interpretar papéis diferentes, em poder experimentar estar na pele de outras pessoas."

Quando diz que não vai ser a nova Rachel Marron das telas, Rihanna está provando o seu desejo de encarar seriamente a carreira de atriz: os papéis fáceis não lhe interessam.

Seu nome também foi ligado ao *remake* de *O último dragão,* previsto para ser lançado em 2012. A versão original do filme é de 1985. Já em dezembro de 2008 o produtor RZA havia declarado que queria Rihanna para interpretar a VJ Laura Charles, e no princípio de 2011 notas publicadas na imprensa deram a entender que a cantora teria aceitado o convite e estrelaria o filme.

A ÚLTIMA VEZ

O **show** de encerramento da turnê "Last Girl on Earth" aconteceu na cidade de Perth, na Austrália, no dia 12 de março de 2011. Rihanna já estava na estrada havia onze meses, mas fazer esse último show deve ter sido um momento triste para ela. Apesar de saber que logo voltaria aos palcos com a turnê do disco *Loud,* em junho, não seria mais a mesma coisa. A maioria da equipe técnica e de dançarinos seguiria ao seu lado, mas alguns haviam encerrado a sua jornada na trupe de Rihanna para se dedicar a novos projetos.

Encerrar a turnê na Austrália foi legal, porque RiRi adorou o país. Ela estranhou o fato de não encontrar ninguém com o tom de pele igual ao seu por lá, e chegou a comentar com a apresentadora Chelsea Handler que vira poucos negros na Austrália, e que esses poucos tinham a pele bem mais escura.

Com o encerramento da turnê, alguns dos dançarinos e dos músicos da banda de RiRi decidiram fazer um vídeo de agradecimento para ela. Eles usaram cenas da cantora no palco e também flagrantes dos bastidores e gravaram mensagens especiais para compor um vídeo que certamente seria uma recordação guardada com todo o carinho. A trupe completara um total de 73 shows trabalhando junta.

O dançarino Chase Benz é o primeiro que aparece agradecendo a Rihanna no vídeo. Ele diz: "E aí, Robyn? Aqui é o Chase, eu tenho alguns agradecimentos a fazer.

Quero deixar o meu obrigado a você por este ano que passou e que foi fantástico. Obrigado por tudo o que fez por nós todos, como equipe, e por mim – ter o espaço para pedir minha esposa em casamento no palco foi um momento de sonho para mim. E foi um sonho também dançar acompanhando uma artista incrível como você. Não vá ficar toda chorosa ouvindo isso, mas este ano que passou foi inacreditável, e eu espero que você não se esqueça de mim. Quero que a gente volte a se cruzar em breve. Obrigado do fundo do meu coração".

Eric Smith, o baixista e diretor musical da cantora, foi o próximo a deixar seu recado, dizendo: "O que eu tenho a dizer é 'Valeu!'. Trabalhar com você foi o máximo desde o princípio, basicamente. É como eu já lhe disse uma vez: poder acompanhar o seu amadurecimento de menina para mulher dentro e fora dos palcos foi sensacional. Você é fantástica, top de linha, a melhor que há! Eu tenho orgulho de dizer que sou o seu músico chefe, seu baixista e irmão mais velho de plantão".

Chris Johnson, baterista de RiRi, deixou um pedido de desculpas no seu depoimento, comentando: "Eu tenho que dizer que foi um erro ter deixado a sua equipe na primeira vez. Quando retornei, eu percebi que você é uma figura divertida e uma artista fantástica com quem trabalhar. Se precisar de qualquer coisa, dentro e fora dos palcos, é só falar comigo".

O último a falar no vídeo é Bryan Tanaka, outro dos dançarinos. Ele se dirige diretamente a RiRi através da lente da câmera, dizendo-lhe: "Foi fantástico trabalhar com você nestes últimos quatro anos e ver você se transformar numa superestrela diante dos meus olhos, simplesmente ver você amadurecer para se tornar uma cantora e uma artista fantástica. O público idolatra você, e poder ser uma parte disso tudo e trabalhar ao seu lado esse tempo todo sem dúvida é uma bênção na minha vida. Eu lhe agradeço do fundo do coração. Foi incrível poder ser como um irmão, porque eu gosto de você de verdade: você é maravilhosa naquilo que faz! Eu mal posso esperar para ver o que esta jornada ainda nos reserva".

Voltando aos Estados Unidos, Rihanna se reuniu a outros cantores, atores e personalidades do esporte para promover o UNICEF Tap Project, uma campanha de conscientização para o fato de que 900 milhões de pessoas no mundo não têm acesso a água potável e que pretende incentivar as pessoas a fazerem algo a respeito disso.

A ideia era mobilizar os donos de restaurantes para que apoiassem o projeto cobrando um dólar por copo de água pedido por seus clientes* e destinando o dinheiro para ajudar aqueles que não têm acesso a água potável e ainda morrem por doenças transmitidas pela água não tratada. Em um dos anúncios da campanha, Rihanna posa com uma garrafa de água que traz os dizeres: "Água de Torneira da Rihanna. Não é uma água que você veja por aí todo dia, a menos que seja vizinho da Rihanna". Ela também filmou um vídeo em que aparece bebendo água de um jeito "sexy".

Além de ter feito os anúncios, Rihanna também contribuiu com a campanha doando garrafas da água da sua casa a serem distribuídas entre quem fizesse as doações. A garrafa de Rihanna era parte das seis que viriam no pacote "Água da Casa das Estrelas", ao lado da água engarrafada na casa de Selena Gomez, Taylor Swift, Robin Williams, Adrian Granier e Dwight Howard. A cada 5 dólares em doações através do site www.celebritytap.org, os fãs ganhavam uma inscrição no sorteio para concorrer à água das celebridades.

Depois do terrível terremoto e do tsunami que devastou o Japão em 11 de março de 2011, Rihanna quis fazer algo para ajudar: ela sempre acredita que deve usar o seu status de celebridade para promover o bem e apoia muitas causas beneficentes. A Universal Music fez contato dizendo que estava com planos de lançar um disco cuja venda seria revertida para ajudar os afetados pelo desastre, e RiRi soube na hora que precisava participar dessa iniciativa. Assim, ao lado de U2, Bon Jovi, Nicki Minaj e mais 32 artistas, ela está no projeto do disco *Songs for Japan*. Rihanna contribuiu com a canção "Only Girl (In the World)" e, assim como todos os outros, abriu mão dos seus direitos autorais.

Em 28 de abril de 2011, RiRi estava em Nova York para a 5ª edição do evento de gala produzido pelo Centro de

* N. da T.: nos Estados Unidos é praxe os restaurantes servirem água potável (a chamada "tap water", ou "água da torneira") aos clientes sem cobrar por ela.

Doação de Medula Óssea DKMS em prol do combate à leucemia. A cantora recebeu das mãos de Katharina Harf, uma das cofundadoras do DKMS, um troféu pelo seu trabalho para convencer mais pessoas a se registrarem como doadores de medula e pela ajuda que isso representou para milhares de pacientes que sofrem de leucemia. Rihanna realmente é uma pessoa especial.

Desde o fim de seu namoro com Matt Kemp, Rihanna tem sido o alvo de inúmeras especulações da imprensa sobre possíveis envolvimentos amorosos. Basta ela aparecer ao lado de alguém num evento para pipocarem as notinhas dizendo que o casal teria sido visto aos beijos e em clima de romance! Numa participação no programa de TV de Graham Northon, RiRi dividiu o sofá do apresentador com o astro de *Por um fio* Colin Farrell, com o comediante Rhod Gilbert e o ator inglês Daniel Radcliffe.

Imediatamente, alguns sites e blogs começaram a insinuar que Rihanna e Farrell andariam trocando mensagens de texto picantes, e quando os dois foram vistos no restaurante Giorgio Baldi, em Los Angeles, em março de 2011, logo surgiram boatos de que haviam estado lá em um encontro romântico. Na verdade, os dois não sentaram nem perto um do outro – Farrell foi ao restaurante para uma reunião de negócios, não para se encontrar com Rihanna.

Apenas um mês antes, sites de fofocas haviam insinuado uma ligação entre a cantora e o ator Ryan Phillippe, de *Segundas intenções,* tudo porque Phillippe estivera em alguns eventos onde Rihanna também foi vista e porque ele compareceu à sua festa de aniversário. A imprensa tentou divulgar a notícia de que os dois estariam namorando em segredo, mas consta que Rihanna teria negado a existência de qualquer relacionamento para um *paparazzo*. Segundo o ITN, ao ser perguntada se estava saindo com Ryan, ela teria dito: “Não, não e não! Detesto cortar a sua onda, mas a resposta é ‘não’. Eu estou saindo com garotas... Brincadeirinha!”

"THE X FACTOR", EDIÇÃO AMERICANA

Quando a notícia de que Simon Cowell estava planejando lançar uma versão americana do programa *The X Factor* começou a circular, logo vieram as especulações sobre quem seriam os jurados escolhidos. Rihanna era uma das apostas mais fortes, mas acabou ficando de fora. Na verdade, ela mesma se colocou fora do páreo, pois nunca conseguiria tempo para se dedicar à função – de junho em diante, sua agenda estaria tomada pelos shows da turnê "Loud". Rihanna adora o programa, e certamente teria agarrado a oportunidade de se envolver na orientação dos candidatos da versão americana se tivesse espaço em sua agenda para isso.

Um dos membros da sua "família", entretanto, se candidatou a um posto entre os jurados: L. A. Reid. Ele se dispôs a deixar o cargo à frente da Island Def Jam para compor a bancada masculina do programa. A carta de despedida que deixou para a equipe da gravadora foi publicada no site Billboard.biz, e dizia:

> "Grandes líderes quase sempre são grandes mestres na arte da simplificação, capazes de achar caminhos no meio de discussões, dicotomias e dúvidas para oferecer soluções que sejam compreensíveis para todos."
> *Colin Powell*

Para a minha família na Island Def Jam:

Depois de muita reflexão, eu decidi abrir mão do meu posto de presidente do Grupo Island Def Jam Music.

Eu sempre almejei o crescimento, sempre me alimentei da vontade de vencer os desafios ainda por vir, e é com muito entusiasmo que encaro esse novo caminho.

O nosso belo time e tudo o que conquistamos ao longo dos meus sete anos à frente da IDJ me enchem de orgulho. Nós continuamos tendo um sucesso incrível e trabalhando com os astros mais fantásticos do mercado – Rihanna, Justin Bieber, Mariah Carey, Kanye West, Bon Jovi, Jennifer Lopez, Ne-Yo, Rick Ross, The Killers, The-Dream, Chrisette Michele, Jeezy e Ludacris, só para citar alguns. Quero agradecer a todos vocês pelo seu trabalho maravilhoso.

Afetuosamente,

L. A.

Mesmo tendo deixado a Island Def Jam, L. A. Reid continuará tendo um papel importante na vida de RiRi – afinal, ele faz parte da "família" que ela formou para si na sua mudança para os Estados Unidos. E a prova de que a recíproca é verdadeira está no fato de Reid ter citado o nome da cantora em primeiro lugar na lista dos 13 artistas que mencionou em sua carta de despedida: ele acompanhou a transformação da garota tímida que um dia entrou em seu escritório na estrela internacional que todos conhecemos hoje.

Já em 2009, Reid havia declarado à MTV: "[Rihanna é uma] pessoa linda e que traz o espírito certo dentro de si. Ela faz um trabalho excelente, que me enche de orgulho. Ela realmente me enche de orgulho".

VOCÊ ESTAVA DORMINDO AO MEU LADO

Para a primeira apresentação de "California King Bed", Rihanna decidiu mudar completamente o visual. Ela pediu um corte bem curto à sua cabeleireira, Ursula Stephen, e o estreou publicamente na cerimônia de entrega do Academy of Country Music Awards em Las Vegas, no dia 3 de abril. Ursula explicou por que Rihanna tomou a decisão de tosar as madeixas em entrevista à revista *InStyle:* "Fazia tempo que não mexíamos no comprimento do cabelo, mas a ideia do corte curtinho partiu de Rihanna".

"Ela me mandou uma mensagem de texto alguns dias antes da cerimônia de premiação falando em radicalizar no corte. Ela estava sentindo falta de ver o seu rosto, e eu também!"

Ursula então se empenhou em cumprir a vontade da estrela e comentou: "Nós não devemos satisfação a ninguém, o nosso compromisso é com a diversão!".

"California King Bed" seria o sexto single do disco *Loud* a ser lançado nos Estados Unidos e o quarto internacionalmente. RiRi filmou o clipe em março, em West Hollywood, Los Angeles. Ela teve que terminar todas as cenas num dia só, pois estava com a agenda lotada de compromissos. O clima e a ambientação do videoclipe são bem românticos. Na maior parte do tempo, RiRi aparece num quarto ao ar livre, montado na beira da praia. Ela primeiro está num gramado, depois na cama, acariciando seu par romântico, sentada numa cadeira, brincando com as cortinas que cercam o quarto e recostada em uma parede de pedras.

O clipe teve a direção de Anthony Mandler e tem semelhanças de estilo com o de "Only Girl (In the World)". Anthony disse à MTV: "Essa é uma qualidade que Rihanna tem. Seja qual for o personagem que ela está interpretando, seja qual for o lado de si que está mostrando, ela sempre se entrega de corpo e alma... E eu acho que nessa música, por causa do assunto de que trata, era óbvio que ela queria mostrar um lado mais suave, mais leve, talvez de alguém que se vê num relacionamento tumultuado... Trabalhar com ela sempre envolve muita variedade, é uma jornada e tanto".

Ele também assinou a direção do clipe de "Man Down" e confessou: "Nós já fizemos 16 clipes juntos, e o que estamos prestes a lançar agora para 'Man Down' certamente vai deixar todo mundo de boca aberta. Nós filmamos no mês passado na Jamaica. Essa canção é a minha favorita entre todas as que ela já gravou, então eu fiquei muito empolgado com o convite para dirigir o clipe".

"A canção é um daqueles trabalhos que pedem uma narrativa e um visual fortes, e digamos que ela me deu carta branca para ousar. Vocês podem esperar uma coisa dramática, chocante e intensa, com alta voltagem emocional, edificante e cheia de *insights*... Sem querer estragar a surpresa, eu só digo que quem está esperando uma narrativa não vai se decepcionar. Fiquem sabendo que vai ser de arrepiar."

RiRi quis lançar os dois clipes com pouco tempo de diferença porque muitos fãs adoram "California King Bed" e "Man Down" na mesma medida. Ela postou no seu Twitter: "A JAMAICA foi TUDO!!!!! #RihannaNavy vai ser um mês e tanto pra vcs! DOIS clipes #D+ na área #LOUDnaveia. E bem diferentes! Um é #LINDO e o outro é um FILME. Curtam Man Down e California King Bed na sua rádio favorita".

No dia 12 de abril foram anunciados os finalistas do Billboard Awards, com Rihanna liderando as indicações num total de 18. RiRi estava no páreo dos prêmios de Artista Top, Artista Top Social, Artista Top Hot 100,

Artista Top Músicas Digitais, Artista Top de Músicas de Rádio, Artista Top Streaming, Artista Top Mídia Digital, Artista Feminina Top, Artista Top R&B, Artista Top Dance, Música Top R&B (com "What's my Name?", em parceria com Drake) e álbum Top R&B (com *Loud*). "Love The Way You Lie", a parceria com Eminem, concorreu em seis categorias: Música Top Hot 100, Música Top Digital, Música Top de Rádio, Música Top Streaming (áudio), Música Top Streaming (vídeo) e Música Top Rap.

A cantora também faria o show de abertura no dia 22 de maio, e contou a Ryan Seacrest que iria cantar "S & M". RiRi guardava na manga uma grande surpresa para os fãs – um dueto com Britney Spears!

Na grande noite, RiRi escolheu usar um terno masculino branco Max Azria, com os botões da camisa completamente abertos, para sua foto no tapete vermelho. Ela não parou de sorrir a noite toda, quando subiu ao palco para buscar os prêmios Artista Feminina Top, Artista Top de Músicas de Rádio e de Música Top Rap para "I Love The Way You Lie". Sua *performance* cantando "S & M" deixou a plateia encantada. Ela apareceu no palco usando um *body* branco com correntes nos pulsos. Durante a maior parte do tempo, os dançarinos ficaram debaixo da plataforma, com as mãos estendidas para o alto, tentando tocá-la. Britney surgiu no palco de *body* preto e máscara de coelhinha, e cada uma fez evoluções de *pole dance* antes de iniciarem uma guerra de travesseiros com alguns dos dançarinos de RiRi.

BRITNEY SPEARS

Se alguém tivesse dito para RiRi no início de 2011 que ela faria um dueto com Britney numa apresentação ao vivo de "S & M", a cantora não teria acreditado. Na ocasião já havia a intenção de lançar uma versão remix da música, mas Rihanna não estava certa de quem chamar para gravar junto e fez uma enquete com seus fãs pelo Twitter.

Convidar Britney Spears já era um sonho seu, então, quando o nome da intérprete de "Femme Fatale" começou a pipocar entre as respostas, ela teve a certeza de que estava no caminho certo. Agora só faltava encontrar uma maneira de abordar Britney...

No dia 10 de abril, os seguidores de RiRi no Twitter ficaram sabendo em primeira mão que Britney Spears faria uma parceria com a cantora na versão "S & M Remix". RiRi twittou: "Uma parceria bem #SEXY pintando muito breve!!!! OH YEAH!!! Pela escolha popular..."

"Vai ser a BRITNEY!!!!"

"@britneyspears uma das maiores estrelas pop do mundo! Vcs arrebentam #HISTÓRICO"

"Rihmix de S&M D++!!! #S&Mrihmix #éaBRITNEY"

E Britney respondeu postando:

@rihanna você sabe provocar! Adoooro... – Britney

@rihanna você acha que eles estão prontos Ri Ri? – Britney

Assim que saiu a notícia de que Britney faria a gravação

de "S & M Remix", todo mundo quis saber como Rihanna a havia convencido a embarcar na empreitada. Quando estava dando uma entrevista para o DJ Lil Cee, na 92.3 NOW FM, e foi perguntada sobre isso, RiRi respondeu: "Eu sempre tive vontade de trabalhar com ela – achava que seria inusitado mostrar uma parceria entre duas cantoras com estilos tão semelhantes. E Britney nunca gravou participações nos discos de nenhum outro artista, então, quando soube que íamos gravar o remix e que queríamos convidá-la, ela ficou bem empolgada. Ela amou a ideia e foi correndo para o estúdio".

O processo inteiro, entre o convite feito a Britney, a gravação da faixa e o lançamento, levou menos de uma semana.

Dois dias depois de "S & M Remix" chegar ao mercado, a música se consagrou como a líder entre as campeãs do iTunes. Rihanna ficou muito feliz e twittou para os seus seguidores: "#1 no ITUNES!!! UAU, seus malandrinhos! NÓS amamos vcs".

"um SUPERVIVA a todos os fãs #D+ de Rihanna+Britney por se unirem para apoiar #S&MRihmix dessa maneira HISTÓRICA! Vlw"

Rihanna acabara de se tornar a segunda artista do sexo feminino a ter uma *fan page* no Facebook, com 30 milhões de usuários curtindo. Sua página ficou em sétimo lugar entre as mais acessadas no cômputo geral:

1. Texas Hold'em Poker *fan page*
2. Facebook *fan page*
3. Eminem
4. Lady Gaga
5. Michael Jackson
6. YouTube
7. Rihanna

"S & M Remix" tornou-se o décimo single de Rihanna a chegar ao posto de número 1, e Steve Bartels, presidente e diretor de operações do grupo Island Def Jam Music, divulgou a seguinte declaração em resposta a essa notícia: "O décimo single número 1 de Rihanna é uma conquista fantástica e um testemunho do seu talento inquestionável".

Britney Spears

"Esse marco foi o fruto de um esforço criativo e de colaboração, encabeçado pelo trabalho incansável de Rihanna e igualmente alavancado pela fantástica Britney Spears e sua equipe. Eu tenho imenso orgulho de Rihanna e do lugar cativo que ela tem conquistado nas paradas de sucesso, e também de toda a equipe da IDJ que trabalhou com afinco por mais essa conquista."

A subida de "S & M Remix" à posição de single número 1 também quebrou um novo recorde, transformando Rihanna na artista mais jovem na história a emplacar dez singles na 1ª posição das listas de Hot 100. O recorde anterior havia sido de Mariah Carey (que estava com 25 anos, oito meses e uma semana de idade ao comemorar o seu décimo single a se tornar o número 1, em dezembro de 1995) – Rihanna chegou ao mesmo posto com apenas 23 anos, dois meses e uma semana de idade. Outro recorde que ela quebrou foi o de menor intervalo entre o primeiro e o décimo single de um artista solo a se consagrarem na 1ª posição, com apenas 4 anos, 11 meses e duas semanas entre um e outro. A recordista anterior nesse quesito também era Mariah Carey.

E tudo isso foi conquistado sem um videoclipe acompanhando a música, o que se mostrou bastante inusitado no mercado musical. Tanto os fãs de RiRi quanto os de Britney queriam ver um clipe da música. Durante um tempo, pareceu que o clipe ia acontecer, mas depois ficou provado que haviam sido só boatos.

Ryan Seacrest esclareceu a questão em seu programa de rádio, dizendo aos ouvintes: "Nós fomos investigar, e eu posso lhes garantir que o boato era 100% falso. Se vocês querem que elas mudem de ideia, perturbem Rihanna e perturbem Britney pelo Twitter – só não digam que fui eu que lhes dei a ideia!".

UM LAR

Em abril de 2011, Rihanna se mudou para a sua primeira casa de fato, uma mansão em estilo modernista que acabara de comprar em Los Angeles. Nos seus 12 quartos, há sempre espaço para hospedar amigos e familiares que resolvem visitá-la. A cantora desembolsou uma fortuna pela propriedade.

Ela revelou à *Vogue:* "Eu estava procurando havia dois anos. Essa estava bem acima do preço que eu queria pagar, mas eu me apaixonei por ela".

RiRi gostou de ter podido fazer a decoração do seu jeito e acrescentou: "É tudo branco – e há um lustre em formato de arma bem no meio da sala. Num dos quartos, eu pus um retrato a óleo imenso de Bob Marley pintado em preto e branco, e o papel de parede tem as cores da bandeira africana: verde, amarelo e vermelho".

Mas a estrela não vai viver sozinha em sua casa nova. RiRi agora tem um bebê: o poodle toy Oliver, que mora com a cantora e com sua melhor amiga, Melissa Forde. No último endereço onde as duas moraram, Rihanna costumava receber tantas correspondências de fãs que precisou reservar um cômodo inteiro só para guardar tudo! A antiga sala de TV foi transformada na sala dos fãs, e ficou lotada de cartas, desenhos e presentes enviados por admiradores ao longo dos anos. Todos os dias, a cantora recebe um monte de encomendas enviadas do mundo inteiro. É uma sorte que a casa nova tenha tantos quartos, porque talvez os presentes dos fãs acabem ocupando dois ou três deles – a cada dia que passa, o carteiro faz mais entregas.

Muitos dos amigos de RiRi são mais velhos do que ela, mas isso não chega a ser uma surpresa – a cantora mostra um comportamento bem maduro para a idade que tem, como explicou à *W Magazine:* "Eu pago minhas contas desde que tinha 17 anos, vim morar num outro país e sempre aparentei mesmo ser um pouco mais velha do que sou. As pessoas sempre me disseram isso, e eu sempre me senti assim também".

A turnê "Loud" está programada para ser a maior da carreira de Rihanna: o show passará por 88 cidades entre os dias 4 de junho e 22 de dezembro de 2011. Originalmente, ela seria menor do que a turnê "Last Girl on Earth" (que teve 73 shows), mas a procura dos fãs foi tanta que a cantora precisou acrescentar novas datas de espetáculo. Ela não queria que ninguém ficasse de fora. Somente no Reino Unido, mais de 300 mil ingressos foram vendidos. RiRi também quebrou o recorde do espaço de shows Arena O2, em Londres: nunca outro artista solo fez uma temporada de dez shows ali – em geral, são agendadas só uma ou duas apresentações.

Rihanna declarou: "Essa turnê vai ser uma jornada fantástica. Eu estou empolgada para pegar a estrada outra vez e mostrar o meu trabalho novo que está nesse disco. Nós vamos curtir muito, e eu sei que os meus fãs vão entrar nesse clima *LOUD*!".

Além de cantar as músicas do disco *Loud,* Rihanna também fez questão de incluir "Disturbia" e "Umbrella" no *set list* dos shows, porque adora apresentá-las ao vivo e porque sabe que os fãs adoram ouvi-las também – essas faixas são as duas grandes preferidas da plateia.

RiRi queria que o seu espetáculo fosse o melhor que os fãs já tivessem visto. Logo depois de anunciar a turnê – em dezembro de 2010 – ela reuniu a sua equipe criativa para começar a trabalhar no novo cenário e nos figurinos. Ela também queria oferecer um show de abertura que superasse as expectativas de todos, e ficou encantada quando J. Cole acertou sua participação. Cee Lo Green, intérprete do hit

"Crazy", da dupla Gnarls Barkley, também estaria presente em alguns dos shows, mas infelizmente precisou cancelar suas participações por conta de conflitos de agenda.

Em fevereiro de 2011, RiRi contou ao *Extra:* "Eu estou muito empolgada [com a turnê 'Loud']. Nós estamos começando a organizar tudo, e ela vai ser ainda maior do que a minha última turnê – o que eu nunca achei que fosse [possível]. Essa turnê 'Loud' vai ser mesmo especial".

Em outra entrevista para Ryan Seacrest, a cantora disse: "Nós vamos começar pelos Estados Unidos na primeira semana de junho. Vai ser a era *Loud,* e eu estou muito empolgada! Teremos novas cores, palco novo, um show novo...".

Ainda em conversa com Ryan, numa ocasião mais recente, ela acrescentou: "Nós acabamos de projetar o palco, e ele terá uma parte onde os fãs poderão ficar na plateia e dentro do show ao mesmo tempo, mais perto do que jamais ficaram. Essa vai ser a verdadeira área VIP!".

Quando alguns sites começaram a divulgar o boato de que shows teriam que ser cancelados por causa de um encalhe de ingressos, RiRi ficou compreensivelmente chateada. Essas histórias não tinham qualquer fundo de verdade, já que todos os espetáculos vinham sendo bastante procurados e estavam perto de ter a sua lotação esgotada.

Para a maior parte das apresentações da turnê, a lista de músicas foi a seguinte:

1. Abertura em vídeo
2. "Only Girl (In the World)"
3. "Disturbia"
4. "Shut Up and Drive"
5. "Man Down"
6. "Darling Nikki"
7. "S&M"
8. "Let Me"
9. "Skin"
10. "Raining Men"
11. "Hard"
12. "Breakin' Dishes"
13. "The Glamorous Life"

14. Medley: "Run This Town" / "Live Your Life"
15. "Untitled IV" (em vídeo)
16. "Unfaithful"
17. "Hate That I Love You"
18. "California King Bed"
19. "Untitled V" (em vídeo)
20. "What's My Name?"
21. "Rude Boy"
22. "Cheers (Drink to That)"
23. "Don't Stop the Music"
24. "Take a Bow"
25. Bis
26. "Untitled VI" (em vídeo)
27. "Love the Way You Lie (Part II)"
28. "Umbrella"

A crítica e os fãs concordaram em que "Loud" era a melhor turnê feita por Rihanna até então. Amanda Ash, do jornal *Vancouver Sun,* escreveu em sua resenha: "Rihanna sabe mesmo como dar uma festa – uma farra sexy, quente, colorida e colada ao corpo que esmaga os problemas do passado sob saltos agulha vertiginosos e os afoga na batida hipnotizante da música *dance*".

Rihanna já acumula muitas conquistas, mas ainda tem planos de explorar novos caminhos. Para os próximos dez anos, o projeto é lançar linhas de maquiagem e de roupas com a sua assinatura. A estrela é tão apaixonada pelo mundo da moda que poder criar modelos para outras mulheres vestirem é um grande sonho para ela.

RiRi gostaria também de ganhar mais prêmios Grammy e outras condecorações pela sua música, além de lançar mais singles que se transformem em *hits.* Mas a sua maior prioridade é sempre deixar os fãs felizes, porque são eles que fazem tudo valer a pena.

Ela é imensamente grata a todos os que a ajudaram a chegar ao sucesso que tem hoje, e aguarda de braços abertos o que o futuro lhe reserva...

Créditos das fotos (www.shutterstock.com):

Adam J. Sablich (págs. 20, 24, 42 e 45)
Carrie Nelson (pág. 253)
Debby Wong (págs. 74, 75, 76 e 171)
Dylan Armajan (pág. 29)
Faiz Zaki (pág. 147)
Featureflash (págs. 131, 159 e 174)
Helga Esteb (págs. 7, 70, 159, 162, 204 e 216)
Joe Seer (págs. 51, 92, 121, 153, 159, 181, 193 e 225)
Lev Radin (pág. 60)
Martin Lehmann (pág. 169)
Stocklight (pág. 238)

MATRIX